中国道路 与 世界之问

总主编 · 陈 晋

中国梦
是怎样的梦想

李晓倩 董 莹 ◎ 著

五洲传播出版社

图书在版编目（CIP）数据

中国梦是怎样的梦想 / 李晓倩，董莹著 . -- 北京：
五洲传播出版社 , 2022.12

（"中国道路与世界之问"丛书 / 陈晋主编）

ISBN 978-7-5085-4517-2

Ⅰ . ①中… Ⅱ . ①李… ②董… Ⅲ . ①中国特色社会
主义－社会主义建设模式－研究 Ⅳ . ① D616

中国版本图书馆 CIP 数据核字 (2022) 第 183764 号

"中国道路与世界之问"丛书

总 主 编：陈 晋
出 版 人：关 宏

中国梦是怎样的梦想

著　　者：李晓倩　董 莹
责任编辑：刘 波
装帧设计：北京青心见画文化艺术有限责任公司
图片提供：新华社　中新社　视觉中国
出版发行：五洲传播出版社
地　　址：北京市海淀区北三环中路 31 号生产力大楼 B 座 6 层
邮　　编：100088
发行电话：010-82005927，010-82007837
网　　址：http://www.cicc.org.cn　http://www.thatsbooks.com
承　　印：中煤（北京）印务有限公司
版　　次：2023 年 1 月第 1 版第 1 次印刷
开　　本：787mm×1092mm　1/16
印　　张：12.5
字　　数：120 千字
定　　价：58.00 元

前言

什么是中国梦？为什么要提出中国梦？它从哪里来，又要到哪里去呢？

2012年11月29日，党的十八大刚刚闭幕半个月，习近平带领新一届中央政治局常委来到国家博物馆参观《复兴之路》展览。在这里，习近平向全世界庄严昭告了中国梦。他说："现在，大家都在讨论中国梦，我以为，实现中华民族伟大复兴，就是中华民族近代以来最伟大的梦想。这个梦想，凝聚了几代中国人的夙愿，体现了中华民族和中国人民的整体利益，是每一个中华儿女的共同期盼。"

中国梦一经提出，立即引起了海内外的巨大关注，成为街头巷尾、报纸荧屏上的热门词汇。

中国梦的核心就是实现中华民族伟大复兴，它的基本内涵是实现国家富强、民族振兴、人民幸福。

中国梦承载了中华民族的苦难与辉煌。回望漫长岁月，中华民族曾经创造出源远流长、博大精深的中华文明，为人类文明进步作出了不可磨灭的贡献。然而到了近代，中华民族却在列强的铁蹄下历尽了苦难和沧桑，神州陆沉，山河破碎。从那时起，实现中华民族伟大复兴，就成为中国人民和中华民族最伟大的梦想。这便是中国梦的起源。

中国梦彰显了中国共产党人的初心与使命。从诞生之日起，中国共产党就把为中国人民谋幸福、为中华民族谋复兴确立为自己的初心使命。经过艰苦卓绝的奋斗历程，中华民族迎来了从站起来、富起来到强起来的伟大飞跃，实现中华民族伟大复兴进入了不可逆转的历史进程。

党的十八大提出了"两个一百年"的奋斗目标，中国梦为实现这一伟大目标树立起了一面鲜明的精神旗帜。在这一旗帜的鼓舞下，中国共产党带领人民如期实现了全面小康这个中华民族的千年梦想，从而实现了第一个百年奋斗目标，并明确了实现第二个百年奋斗目标的战略安排。

党的二十大绘就了以中国式现代化推进中华民族伟大复兴的宏伟蓝图，从此，中国梦的实现有了更为完善的制度保证、更为坚实的物质基础、更为主动的精神力量。

站在"两个一百年"的历史交汇点上，我们更加自信自强，更加充满希望。我们坚信，在中国共产党的坚强领导下，在全体中华儿女的团结奋斗下，第二个百年奋斗目标一定能实现，中华民族伟大复兴的中国梦一定能实现！

目录

第一章

忆往昔峥嵘岁月稠：
梦从哪里来？
梦碎后的寻梦之路
为何如此坎坷？

璀璨文明，天朝上国

中华民族是世界上古老而伟大的民族，创造了绵延5000多年的灿烂文明，为人类文明进步作出了不可磨灭的贡献。在漫长的人类历史长河中，世界上曾出现辉煌的四大文明古国，创造出令人叹为观止的文明成果。遗憾的是，古埃及文明、古巴比伦文明、古印度文明都先后消逝在时间的星河里，唯有东方的中华文明绵延不绝，从未中断。从炎黄二帝到始皇一统，从汉唐盛世到康乾繁荣；从冶铁铸剑到"四大发明"，从文化典籍到石窟壁画，这些都彰显了中华文明的源远流长、博大精深。上下五千年，勤劳智慧的中华民族在广袤的华夏大地上创造出繁荣昌盛的物质文明、独领风骚的科技成就、浩如烟海的思想宝库、异彩纷呈的文学艺术。

5000多年前的黄河流域，孕育了中华民族的祖先炎帝和黄帝，从此这片土地上的人自称中华儿女、炎黄子孙。他们在这里生活、繁衍，创造出高超的制陶、建筑等技术。"夏商与西周，东周分两段。春秋和战国，一统秦两汉。"公元前221年，千古一帝秦始皇统一中国，结束了群雄割据分裂的局面，万里长城、兵

阵容强大的秦始皇陵兵马俑，充分显示了秦帝国的强盛。

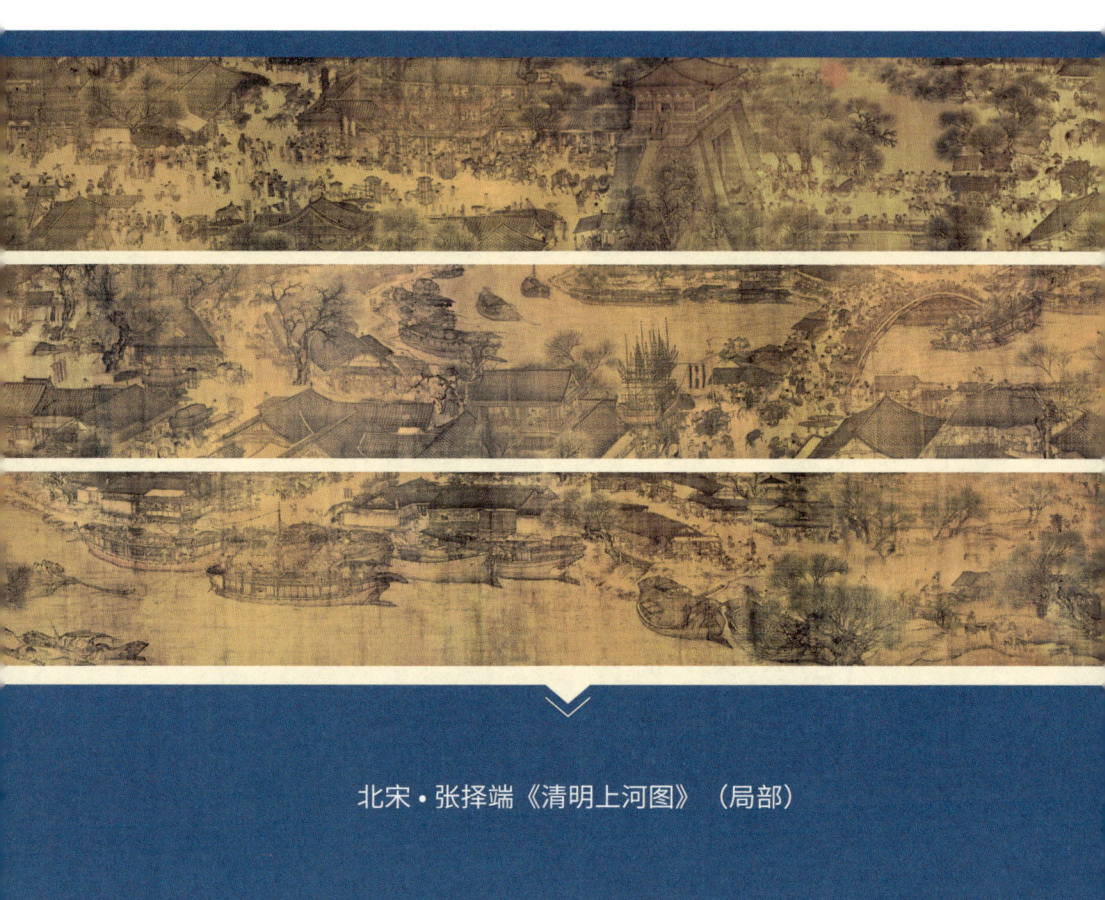

北宋·张择端《清明上河图》（局部）

马俑也在这个时期诞生了。此后2000多年的封建王朝时期，汉、唐、清都出现过政治清明、经济繁荣的盛世景象。从文景之治到贞观之治、开元盛世，再到康乾盛世，中华民族的物质文明在世界上独领风骚。

2010年上海世博会中国国家馆，人们纷纷在一幅长128米、高6.5米的《清明上河图》面前驻足欣赏。这幅融合数字技术、动画制作、声光电技术打造的"会动的"《清明上河图》，逼真地展现了北宋汴京的繁华盛世景象。到清朝乾隆帝退位时的18世纪末，中国的人口、粮食产量、工业产值都分别占到了世界总人口、粮食总产量、工业总产值的约1/3。当时世界上人口50万以上的大城市有10个，其中有6个在中国，即北京、江宁（今南京）、扬州、苏州、杭州、广州。

除了首屈一指的经济发展成就，中国古代的科技成就也令世界瞩目。著名英国学者李约瑟博士在《中国科学技术史》中写道："中国人在许多重要方面有一些科学技术发明走在那些创造出著名的'希腊奇迹'的传奇式人物的前面，和拥有古代西方世界全部文化财富的阿拉伯人并驾齐驱，并从公元3世纪到13世纪保持一个西方所望尘莫及的科学知识水平。"正如李约瑟所说，中国古代的科学技术成果灿若繁星，不胜枚举。其中最著名的是"四大发明"，即指南针、火药、造纸术和活字印刷术。

指南针的前身是战国时期指示方向的仪器"司南"，后来用磁石指南原理制成指南针，到北宋时期，指南针运用于航海。火药由中国古代的炼丹家发明，唐中期书籍中记载了制成火药的方法，到唐末运用于军事，南宋时发明"突火枪"，13世纪传入阿拉伯和欧洲。造纸术是西汉初年发明的，到东汉时期，蔡伦改进了造纸术，用他的方法制出的纸被称为"蔡侯纸"。活字印刷术由北宋平民毕昇发明，他所创造的泥活字比欧洲人发明的铅活字早了约400年。

"四大发明"不仅推动了中国古代政治、经济、文化的发展，传至西方后更是对世界文明的发展产生了巨大影响。马克思说："火药、指南针、印刷术——这是预告资产阶级社会到来的三大发明。火药把骑士阶层炸得粉碎，指南针打开了世界市场并

春秋战国时期，中国古人发明了最早的指示南北方向的指南器——司南。

建立了殖民地，而印刷术则变成新教的工具，总的来说变成科学复兴的手段，变成对精神发展创造必要前提的最强大的杠杆。"除了"四大发明"，智慧的古代中国人民还向世界奉献了不胜枚举的科技成果。李约瑟的学生罗伯特·坦普尔曾一口气列举了古代中国科技发明的100个世界第一。

此外，古代中国还拥有先进的天文学、数学、医学成就。在天文学方面：中国在公元前613年就有了关于哈雷彗星的记录，为世界最早；战国时期的《甘石星经》是世界上现存最早的天文学著作之一；东汉时期，张衡发明地动仪，可勘测到千里以外的地震；唐朝时期，僧一行首先用科学方法测量出地球子午线的长度，还制定了能够准确反映太阳运行规律的《大衍历》；北宋时期，沈括撰写了《梦溪笔谈》这一集前代科学成就之大成的著作，内容包罗万象，被誉为"中国科学史上的里程碑"，尤其是在天文学方面创制了"十二气历"；元朝时期，郭守敬改制、发明了简仪、高表等12种新仪器，编制出《授时历》，成为当时世界上最先进的一种历法。

在数学方面：中国最早采用了十进位制；春秋时期，发明了九九乘法表；《周髀算经》记载的勾股定理，相传是西周初年的商高发现的；西汉时期，出现了第一部数学专著《九章算术》，其中开平方和开立方的算法比欧洲早了1000多年；南北朝时期，祖冲之把圆周率精确到小数点后第七位，这一计算结果遥遥领先于世界其他国家1000多年。

在医药学方面：古代中国有四大传统医学经典著作，即《黄帝内经》《难经》《伤寒杂病论》《神农本草经》，奠定了中医治疗学的基础；明朝时期，李时珍编成《本草纲目》这一中国古代药物学总结性巨著，推动了中国乃至世界药物学的发展。

古代中国的文化典籍也浩如烟海，形成了丰富的思想宝库。春秋战国时期百家争鸣，出现了儒家的孔子、孟子、荀子，道家的老子、庄子，法家的韩非子，墨家的墨子，兵家的孙子等思想大家，他们纷纷著书立说，留下了《论语》《孟子》《道德经》《孙子兵法》等中华传统文化经典，他们的思想穿越古今中外，闪耀着智慧的光芒。法国作家瓦尔特充满向往地说："今天，人类要继续前行，应当回到2500年前的孔子那里去汲取智慧。"

孔子（前551—前479）所创立的儒家学说，成为2000多年来中国传统思想的主流。

在文学艺术方面，古代中国有着层出不穷的丰富成果。在文学领域，先秦时期，诞生了《诗经》《楚辞》这两颗璀璨夺目的明珠；两汉时期，既有辞藻华丽的汉赋，也有被誉为"史家之绝唱，无韵之离骚"的《史记》和中国第一部纪传体断代史《汉书》；唐朝时期，迎来诗歌发展的黄金时期，涌现出李白、杜甫等众多文采斐然的诗人，创造出一首首流传千古的诗歌；两宋时

敦煌莫高窟唐代壁画。莫高窟是世界上最大、保存最完整的佛教艺术宝库。

期，词的创作十分盛行，既有苏东坡、辛弃疾的豪迈奔放，也有李清照、柳永的婉约清逸；元朝时期，诗坛出现了散曲这一新的体裁，关汉卿的元杂剧《窦娥冤》屹立于世界悲剧名著之林；明清时期，小说创作蓬勃发展，中国古典四大名著《三国演义》《水浒传》《西游记》《红楼梦》成为传世精品，文言短篇小说集《聊斋志异》和讽刺小说《儒林外史》也脍炙人口。

在艺术领域，既有形式各异的篆书、隶书、楷书、行书、草书等书法艺术，又有工笔、写意、写实等不同风格的绘画艺术；既有《高山流水》《广陵散》《梅花三弄》等广为流传的乐曲和昆曲、京戏等地方戏剧，也有敦煌壁画、云冈石窟、兵马俑等令人叹为观止的雕刻艺术。

在几千年的历史长河中，中华民族创造了一个又一个奇迹，在人类文明史上写下浓墨重彩的一笔。然而，到了近代，灿烂辉煌的中华文明在清王朝的故步自封中，渐渐黯然失色。

国门洞开，风雨如晦

18世纪中叶，当清朝沉浸在"万国衣冠拜冕旒"的迷梦中夜郎自大、沾沾自喜时，英国开始了一场轰轰烈烈的工业革命。机器的使用和技术的革新使得英国的生产力飞速发展，而闭关锁国的清朝对此却一无所知。1793年，英国勋爵马戛尔尼带领一支800多人的庞大使团来到中国，请求与清朝通商。乾隆帝当时正在承德避暑山庄庆贺他的83岁寿辰，既不满于马戛尔尼不按清朝礼仪向他跪拜，也不满于英国的不合理请求，于是以"与天朝体制不合"为由拒绝了英国。尽管清朝自诩物产丰富，但马戛尔尼观察

1840 年 6 月，英国在鸦片战争中用舰炮轰开了中国的大门。腐败无能的清政府被迫签订了中国近代史上第一个不平等条约——《南京条约》。中国从此逐步成为半殖民地半封建国家。图为英国随军画师所绘中英于 1842 年 8 月 29 日签订《南京条约》时的情景。

他遇到的中国百姓，发现他们很多都面容消瘦、衣着简陋，而且英国使团扔掉的剩菜、剩饭、茶叶都会被人争抢一空，于是感叹道："繁荣的大清帝国，子民们却如此贫困，毫无尊严，令人震撼。"颇感失望的马戛尔尼作出了这样的预言："中华帝国只是一艘破败不堪的旧船，只需几艘战舰，就能摧毁其海岸舰队。"不幸的是，他的预言很快被证实了。

1860 年，第二次鸦片战争中，英法联军攻入北京，将圆明园烧毁。

鸦片战争一声炮响，改变了古老中国的历史命运。1840年，英国的坚船利炮打开了中国的国门，区区几千英军对拥有80万大军的清王朝进行了扫荡式攻击，头一年从广州湾打到天津卫，第二年又从珠江口打到长江口，常年疏于训练又缺少先进兵器的清朝军队一路溃败。

1842年，腐败无能的清政府被迫签订丧权辱国的《南京条约》，这是中国历史上第一个不平等条约。中国被迫割让香港岛，领土不再完整；向英国赔偿鸦片烟价、商欠、军费共2100万银元；开放广州、福州、厦门、宁波、上海五处为通商口岸，允许英国人居住并设派领事；协定关税，英商应纳进出口货税、饷费由中英双方议定，中国海关无权自主；废除公行制度，准许英商在华自由贸易等。

1843年，英国又强迫清政府签订《五口通商章程》和《虎门条约》，作为《南京条约》的补充和细则，将协定关税和租界制度予以落实，并使英国取得领事裁判权、片面最惠国待遇等权益。这是中华民族的巨大屈辱，中国不仅丧失了领土，损失了大量白银，财政更加困难，也失去了关税自主权、贸易主权、司法主权。《南京条约》签订后，其他西方国家不愿英国独大，纷纷接踵而来，乘机攫取特权，强迫清政府签订了一系列不平等条约。"天朝上国"的迷梦破碎了，然而这只是悲剧的开始。

鸦片战争的硝烟尚未散尽，英法殖民者又卷土重来。1856年，英国借口广东水师在广州黄埔捕捉中国船"亚罗号"上的海盗，派兵进攻广州。与此同时，法国以其天主教神甫在广西西林被杀为借口，也出兵入侵中国。英法侵略军一路北上，于1860年攻入北京，咸丰帝仓皇逃往承德。英法联军闯入被誉为"万园之园"的皇家园林圆明园，大肆掠夺后将其焚毁。法国作家雨果在其书信中谴责道："有一天，两个强盗闯进了圆明园。一个强盗大肆掠劫，另一个强盗纵火焚烧。从他们的行为来看，胜利者也可能是强盗。一场对圆明园的空前洗劫开始了，两个征服者平分赃物。真是丰功伟绩，天赐的横财！两个胜利者一个装满了他的口袋，另一个看见了，就塞满了他的箱子。然后，他们手挽着手，哈哈大笑着回到了欧洲。"这就是第二次鸦片战争，这场战争的结果是清政府再次被迫签订不平等条约。

1858年，英法联军侵占大沽炮台后，强迫清政府签订《天津条约》，主要内容有：允许公使进驻北京；开放牛庄、登州、台南、淡水、潮州、琼州、汉口、九江、南京、镇江为通商口岸；外国商船可以自由驶入长江一带通商口岸；外国人可以到内地游历经商；外国传教士可以到内地自由传教；中国对英、法两国赔款600万两白银。

1860年，英法侵略军占领北京后，又强迫清政府签订《北京条约》，作为《天津条约》的补充，主要内容包括：增开天津为商埠；割让九龙司一区地方给英国；准许外国人在中国买卖人口；将已充公的天主教教堂财产发还，法国传教士可以在各省任意租买田地，建造教堂；对英、法两国赔款各增至800万两白银。与此同时，俄国也趁战争之机前来勒索，先是强迫清政府签订《瑷珲条约》，割占黑龙江以北、外兴安岭以南60多万平方公里的土地，并把乌苏里江以东约40万平方公里的中国领土划作两国共管；继而强迫清政府签订《北京条约》，将乌苏里江以东约40万平方公里的土地划归俄国，增开喀什噶尔为商埠，并在喀什噶尔、库伦设俄国领事馆。同时，俄国还将由其提出的中俄西部边界走向强加给中国。1864年，俄国强迫清政府订立《勘分西北界约记》，割占巴尔喀什湖以东、以南44万平方公里的土地。这个

1900 年，英、美、德、法、俄、日、意、奥八国为继续巩固和扩大在华的殖民特权，组成联军进犯中国，中国主权进一步沦丧。图为八国联军在天津大沽口登陆。

趁火打劫的近邻强盗成为第二次鸦片战争期间最大的获利者。

两次鸦片战争使西方列强从中国攫取了诸多领土、主权和财富，而与中国一海之隔的日本也想来分一杯羹。从19世纪60年代末开始，日本通过明治维新，"脱亚入欧"，开始走上资本主义道路，国力日渐强盛。看到西方列强在中国攫取的好处，日本也急于前来瓜分，终于在1894年找到了机会。这一年，朝鲜爆发东学党起义，请求清军前来支援。清朝派军队前往朝鲜支援。日本以保护使馆和侨民为由进入朝鲜，伺机找寻借口发动侵略战争。1894年7月，日本不宣而战，在朝鲜丰岛海面袭击了清朝前来支援的军舰。甲午战争爆发了。谁曾想到，这个完全不被中国人放在眼里的"蕞尔小国"，一举取得了陆战和海战的胜利。最令清政府痛心疾首的是，他们引以为豪的北洋舰队在这场战争中全军覆没。

1895年，打了败仗的清政府被迫与日本签订了《马关条约》，将辽东半岛、台湾全岛及所有附属岛屿（包括钓鱼岛）、澎湖列岛割让给日本，赔偿日本军费白银2亿两，开放沙市、重庆、苏州、杭州为通商口岸，并允许日本在中国的通商口岸投资办厂。这是继《南京条约》以来最严重的不平等条约。各帝国主义国家援引片面最惠国待遇，获得了《马关条约》中除割地赔款以外中国给予日本的所有特权。中国陷入了空前严重的民族危机，如刀俎上的鱼肉，任由列强宰割。

1900年，也就是甲午战争结束后的第五年，英国、美国、法国、德国、俄国、日本、意大利、奥匈帝国组成的八国联军把魔爪再次伸向中国。他们以镇压义和团为借口，浩浩荡荡攻入北京城，杀人放火、奸淫抢掠，对紫禁城、颐和园等皇家建筑展开大肆掠夺，曾被英法联军焚烧毁坏的圆明园再遭劫掠，终成废墟。八国联军总司令瓦德西后来也承认，所有中国此次所受毁损及抢劫的损失，其详数将永不能查出，但为数必极重大无疑。1901年，清政府被迫签订《辛丑条约》，主要内容包括：清政府向各国共赔款4.5亿两白银，以海关税、盐税和常关税作担保，分39年还清，年息4厘，本息共9.8亿两；划定北京东交民巷为使馆界，允许各国驻兵保护，不准中国人在界内居住；拆除大沽炮台和北京至海通道的各炮台；列强可以在北京驻扎防守使馆的卫队，并在北京和从北京到山海关的12个要地驻扎军队。从此，清政府彻底沦为列强的工具，中国彻底陷入半殖民地半封建社会的深渊，国家蒙辱、人民蒙难、文明蒙尘，中华民族遭受了前所未有的劫难。辉煌不再，只剩屈辱。

师夷长技，自强梦碎

"灵台无计逃神矢，风雨如磐暗故园。"当列强的铁蹄无情地践踏中国的领土时，中国的仁人志士们在巨大的屈辱面前震惊觉醒，奔走呐喊，前赴后继，苦苦探索救亡图存的道路。从此，挽救民族危亡、实现国家独立、谋求民族复兴的梦开始萌芽，成为整个中国近代历史的鲜明主题。

鸦片战争的战败，使沉浸在迷梦中的中国人震惊了，长期闭关锁国的他们这才意识到，在中国以外居然存在一个如此陌生而强大的世界。一批心怀救国梦的知识分子意识到中国与西方的差距，掀起了一股"向西方学习技术"的潮流，其中的代表人物有林则徐、魏源和严复。

林则徐被誉为"开眼看世界第一人"，他在禁烟期间组织编写《四洲志》《世界地理大全》等介绍西方地理历史、风土人情的书籍。这是中国近代最早介绍外国的一批著作。他主张积极引进西方先进的军事技术，购置外国大炮用于强固炮台，还收集外国轮船和大炮图样试图仿制。此外，他主张改变闭关锁国政策，设立海关，开展对外贸易，鼓励与外国人经商。

魏源编成《海国图志》，提出"师夷长技以制夷"，主张"尽得西方之长技为中国之长技"，以此改变中国落后的状况。

他还主张发展工商业，改进军队武器装备，翻译西方书籍著作。

严复曾留学英国，他深刻认识到西方工业文明的先进性，翻译了英国生物学家赫胥黎的《天演论》，主张"物竞天择、适者生存"，学习西方优势以弥补中国自身的不足。在北洋水师学堂任职期间，严复积极讲授西方的现代海军管理思想，培养了诸多人才。

可是，最初主张"向西方学习"的这批知识分子，只是意识到学习西方先进技术的重要性，而没有深刻认识到中国落后的根源，甚至乐观地以为只要向西方学习，中国就能恢复曾经的盛世，"风气日开，智慧日出，方见东海之民，犹西海之民"。而且，这股思潮只局限于思想层面，并没有付诸实践。

鸦片战争暴露出清政府统治的腐败，农民阶级也萌发出改变现状的意识。19世纪五六十年代，中国南方爆发了一场轰轰烈烈的农民运动——太平天国运动。运动领袖洪秀全将西方的基督教义、儒家的大同思想和农民的平均主义思想融合起来，创立了拜上帝教，吸引了众多苦于清政府残酷剥削和连年自然灾害的农民信徒。他们揭竿而起，攻占南京作为都城，建立起自己的政权，颁布了《天朝田亩制度》，幻想建立一个"有田同耕、无处不均"的大同社会。太平天国后期还颁布了《资政新篇》，提出了学习西方制定法律制度、吸收西方先进技术、发展现代工矿业、兴办学校、外国人不得干涉天国内政等一系列主张，反映了当时中国人谋求救亡图存的强烈愿望。但由于农民阶级固有的局限性，缺乏先进阶级的领导和科学理论的指导，加上清政府和外国势力的联合镇压，太平天国农民运动最后以失败而告终。

面对内忧外患的局面，清朝统治阶级内部的一部分有识之士认识到学习西方技术、实现自强的重要性，掀起了一场"自强求

洋务运动以"自强""求富"为口号，先后兴办了一批军事工业和民用工业。图为洋务运动中由官方创办的江南制造总局。

富"的洋务运动，代表人物是曾国藩、李鸿章、张之洞等。洋务派以"中学为体、西学为用"为宗旨，以"师夷长技以自强"为口号，主张在维护清政府统治的前提下，学习西方的近代工业和科学技术。他们主持建立起江南制造局、福州船政局、天津机器局等一批近代军事工业，创办了汉阳铁厂、湖北枪炮厂、湖北织布局等一批近代工业企业，创建了拥有西方先进装备的湘军和淮军，创办了天津武备学堂等一批军事学校，开办了中国第一所近代学校——京师同文馆，派遣了中国第一批留美、留欧学生，翻译了一批科技书籍。然而，尽管洋务派主张学习西方先进技术，但作为统治阶级的他们坚持"中学为体"，没有看到中国落后的根源在于清政府的腐败无能，没有提出学习西方的政治制度，这样不彻底的改革注定要失败。甲午战争中北洋水师的覆灭，宣告了洋务派"自强求富梦"的破碎。

甲午战败，给了包括统治阶级在内的所有中国人当头一棒。曾经的邻居小国暗中崛起，击碎了"天朝上国"的庞大海军，这是何等的屈辱？正如梁启超所说："吾国四千余年大梦之唤醒，实自甲午战败割台湾偿二百兆以后始也。"以康有为、梁启超为代表的仁人志士试图寻求一条维新变法之路。他们意识到，只学习西方的先进技术不足以改变中国落后状况，还要学习西方先进的政治制度。

康有为把西方资本主义政治学说同中国传统的儒家思想相结合，作为他维新变法的理论基础，撰写了《新学伪经考》《孔子改制考》等一批为维新变法制造舆论的著作。在政治方面，康有为主张建立君主立宪制。他指出："东西各国之强，皆以立宪法开国会之故。国会者，君与民共议一国之政法也。"在经济方面，他主张发展工业、振兴商业、保护民族资产阶级利益。在文教方面，他主张"开民智""兴学校""废八股"。梁启超认为，变法是时代的需要，只有通过变法，改变原有君主体制，才能使中国走上独立自强的道路。维新派的变法主张得到了光绪帝的支持。1898年6月，光绪帝颁布《明定国是》诏书，痛心阐述变法之急迫性："试问今日时局如此，国势如此，若仍以不练之兵，有限之饷，士无实学，工无良师，强弱相形，贫富悬绝，岂真能制梃以挞坚甲利兵乎？"变法从此正式开始。文教上，废八股，兴西学，创办京师大学堂；设译书局，派留学生；奖励科学著作和发明。经济上，设铁路矿务总局、农工商总局，并在各省设分局；广泛开设农会，编译外国农学书籍，采用中西各法切实开垦；颁发制器及振兴工艺给奖章程；在各地设立工厂；在各省设商务局、商会，保护商务，推广口岸商埠；开放八旗经商的禁令，命其学习士农工商自谋生计；倡办实业，促进生产；鼓励私人开办工矿企业。军事上，改用西洋军事训练；遣散老弱残兵，削减军饷，实行团练，裁减绿营，举办民兵；颁发兴造枪炮特赏章程；筹设武备大学堂；武科停试弓箭骑剑，改试枪炮。政治上，开放言路；精简机构，撤销詹事府、通政司等六个衙门；任用维新派参与新政。然而，变法遭到了以慈禧太后为代表的顽固派强烈阻挠，仅仅持续了103天，最终以光绪帝被囚禁，维新派被逮捕、驱逐，以及"戊戌六君子"被残忍杀害为结局。谭嗣同在法场发出"有心杀贼，无力回天，死得其所，快哉快哉"的豪言壮语，以这样的悲壮和痛心昭示着"维新梦"的破碎。

维新变法的失败，说明弱小的资产阶级无力对抗强大的封建保守势力，依靠封建统治阶级实现救亡图存、民族复兴的道路是走不通的。

振兴中华，壮志难酬

"四万万人齐下泪，天涯何处是神州。"山河破碎，民族危亡，清廷腐败，民生凋敝，自强图存行不通，维新变法被扼杀，在这样的时代大背景下，孙中山走上了历史舞台。他率先提出"振兴中华"的口号，拉开了中华民族伟大复兴"中国梦"的序幕。"近代中国，怀揣梦想者不乏其人，砥砺往前者也大有人在，然梦想之恢宏，践行之坚决，影响之深远，无出孙中山右者。"孙中山年轻时在香港西医书院受过系统的医学教育，医术高明，在澳门、广州行医时，被上流社会争相延请，收入不菲。但他目睹山河破碎、生灵涂炭，决定抛弃优渥舒适的"医人生涯"，投身到艰苦卓绝的"医国事业"。1894年11月，孙中山在美国檀香山创建了革命团体兴中会，"兴中"即振兴中华之意。他在成立宣言中明确提出，设立兴中会的目的就是"联络中外有志华人，讲求富强之学，以振兴中华"。

1905年，孙中山组织建立革命团体——中国同盟会，成立宣言中阐述了"驱除鞑虏，恢复中华，建立民国，平均地权"的纲领，再次疾呼振兴中华，指出："中国者，中国人之中国；中国之政治，中国人任之。驱除鞑虏之后，光复我民族的国家。"在同盟会机关报《民报》发刊词中，孙中山首次提出"民族、民权、民生"三大主义。民族主义，即反对满清专制和列强侵略，打倒与帝国主义相勾结之军阀，求得国内各民族之平等，承认民族自决权。民权主义，即实行为一般平民所共有的民主政治，而防止欧美现行制度之流弊，人民有选举、罢免、创制、复决四权以管理政府，政府则有立法、司法、行政、考试、监察五权以治理国家。民生主义，即平均地权，节制资本。三民主义的提出，

1911年10月10日，湖北新军工程第八营中的革命党人发动武装起义，占领武昌城，之后成立湖北军政府。因该起义发生在农历辛亥年，所以又称"辛亥革命"。图为被革命军炮击后的湖广总督府。

表达了争取独立、民主和富强的愿望，明确了近代中国的历史任务，开创了完全意义上的近代民族民主革命。

振兴中华的首要任务是国家独立、人民解放，那就必须推翻"洋人的朝廷"——腐败无能的清政府。从1906年至1911年，中国同盟会在华南各地组织多次武装起义，孙中山为起义制定战略方针，并在海外奔走，为起义筹募经费。1907年12月镇南关起义时，孙中山还亲临前线参加战斗。虽然各次起义都因缺乏群众基础、组织不够严密而失败了，但革命党人前仆后继、英勇战斗，给清政府以沉重打击。特别是1911年4月的广州黄花岗起义，在全国引起了巨大震动，成为辛亥革命的前奏。1911年10月10日，武昌起义爆发。起义军掌控武汉三镇后，成立湖北军政府，推举黎元洪为都督，改国号为中华民国。孙中山在美国得知消息后，12月下旬回国，即被推举为中华民国临时大总统。1912年1月1日，孙中山在南京宣布就职，组成中华民国临时政府。2月12日，清宣统帝（溥仪）宣布退位。这样，辛亥革命推翻了长达267年的清朝统治和2000多年的君主专制制度，建立起共和国，扫除了中华民族复兴道路上的第一个障碍。

推翻清政府只是孙中山"救国梦"的第一步，他真正希望的是未来中国实现国家富强、民族复兴。他认为，"建设为革命之唯一目的"。他坚信，革命成功以后，经过全民族努力，中国一定能够迎头赶上世界先进国家。他在写给美国人的文章《中国问题的真解决》中满怀豪情地说："一旦我们革新中国的伟大目标得以完成，不但在我们的美丽的国家将会出现新纪元的曙光，整个人类也将得以共享更为光明的前景。"

他在《建国方略》中心潮澎湃地描绘了未来中国的宏伟蓝图。《建国方略》包括《孙文学说》《实业计划》《民权初步》三部分，从心理建设、物质建设、社会建设三个方面对中国的未来做出全面畅想和规划，堪称中国现代化的第一份蓝图。在《实业计划》中，孙中山分六大计划详细阐述了他对未来中国工农业、交通等实现现代化的宏大设想。交通建设是孙中山关注的重点，他提出在中国修建约16万公里的铁路，组建起中央、东北、西北、东南、西南、高原六大铁路系统，把沿海、内地和边疆连接起来；修建160万公里的公路，形成遍布全国的公路网，并把公路修进青藏高原；在中国北部、中部及南部沿海各修建一个"如纽约港"那样的世界水平的大海港和一系列二、三等海港及渔业港；开凿和整修全国水道和运河，建立遍布全国的水路交通运输体系；修建三峡大坝，"当以水闸堰其水，使舟得以逆流而行，而又可资其水力"。此外，孙中山还提到，全面开采煤、铁、石油等矿藏和兴办冶炼、机械制造工业；发展满足人民衣食住行需要的近代工业，实现农业机械化；等等。在《民权初步》中，孙中山慷慨激昂地说道："以我四万万众优秀文明之民族，而握有世界最良美之土地、最博大之富源，若一心一德，以图富强，吾决十年之后，必能驾欧美而上之也。"1924年1月，国民党一大通过的《国民政府建国大纲》提出，国家建设之首要在民生，其次为民权，其三为民族。具体而言，民生方面，"对于全国人民之食、衣、住、行四大需要，政府当与人民协力，共谋农业之发展，以足民食；共谋织造之发展，以裕民衣；建筑大计划之各式屋舍，以乐民居；修治道路、运河，以利民行"。民权方面，"对于人民之政治知识能力，政府当训导之，以行使其选举权，行使其罢官权，行使其创制权，行使其复兴权"。民族方面，"对于国内之弱小民族，政府当扶植之，使之能自决自治。对于国外之侵略强权，政府当抵御之；并同时修改各国条约，以恢复我国际平等、国家独立"。这再次体现了孙中山建设

1912 年 1 月 1 日，中华民国临时政府在南京成立，孙中山被选为临时大总统。2 月 12 日，清朝最后一个皇帝溥仪宣布退位，清王朝亡。图为孙中山主持中华民国临时政府第一次内阁会议。

中国、实现民族复兴的理念。

然而，在当时的情况下，孙中山的梦想难以实现。由于民族资本主义发展不充分，资产阶级力量不够强大，也没有建立起独立的革命武装和坚强的革命政党，资产阶级革命派在强大的中外反动势力面前十分软弱。加上他们没有提出彻底的反帝反封建纲领，既不敢和帝国主义进行正面斗争，幻想以妥协和退让来得到同情与支持，也没有触动半殖民地半封建社会的经济基础，不能充分发动和依靠广大群众，特别是农民群众。辛亥革命的果实很快被窃取了。以清帝退位为交换条件，孙中山辞去大总统一职，由袁世凯继任。袁世凯上台后倒行逆施，妄图恢复帝制。孙中山领导了讨伐袁世凯的二次革命，却以失败而告终。1916年，袁世凯在称帝失败中死去，中国陷入了北洋军阀割据混战的局面。孙中山试图依靠唐继尧、陆荣廷等西南军阀进行护法运动，但南北军阀如一丘之貉，西南军阀只不过是打着护法的幌子争夺地盘，护法运动以失败而告终。

国际方面，第一次世界大战期间，日本趁欧洲列强忙于战争无暇东顾之际，企图独吞中国，以对德宣战为名，出兵中国山东，攻占青岛，控制胶济铁路线，取代了德国在山东的特权地位；还迫使袁世凯政府签订"二十一条"，企图把中国的领土、政治、军事、财政都置于日本的控制之下。

辛亥革命给黑暗中国带来的光明和希望转瞬消失，孙中山的"民主共和梦"破碎了。1925年，致力国民革命40余年、毕生追求中国之自由平等的孙中山带着莫大的遗憾离世，留下了"革命尚未成功，凡我同志，务须依照余所著《建国方略》《建国大纲》《三民主义》及《第一次全国代表大会宣言》，继续努力，以求贯彻"的嘱托。

孙中山虽然开创了完全意义上的近代民族民主革命，提出了建设国家、实现富强的一系列主张，但并没有找到实现这些主张的正确道路和方法。究竟怎样才能实现民族复兴的梦想？中国需要新的力量、新的出路。

第二章

雄关漫道真如铁：中国人民是怎样圆了民族独立梦的？

五四先驱，民族觉醒

辛亥革命推翻君主专制统治，建立起共和国，令暗夜中的中国人欢欣鼓舞，他们都以为中国从此迎来了光明的前景。然而，革命果实很快被窃取，北洋军阀倒行逆施，帝国主义列强侵略加剧，人们期待的民族独立复兴并没有实现。在失望痛心、彷徨苦闷的同时，他们开始反思，为什么辛亥革命带来的民主共和梦转瞬即逝？先进的知识分子率先认识到，革命失败的根源在于国民缺乏民主共和意识，必须从文化思想上冲击封建思想和封建意识，通过普及共和思想来实现真正的共和政体。1915年，陈独秀在《青年杂志》创刊号上发表《敬告青年》一文，提出"自主的而非奴隶的""进步的而非保守的""进取的而非退隐的""世界的而非锁国的""实利的而非虚文的""科学的而非想象的"六项新青年的标准，并呼吁"国人而欲脱蒙昧时代，羞为浅化之民也，则急起直追，当以科学与人权并重"，从此揭开了新文化运动的序幕。《青年杂志》从第二卷起更名为《新青年》，李大钊、胡适、鲁迅等人是主要撰稿人。蔡元培出任北京大学校长后，邀请了许多有新思想的学者到校任教。这样，《新青年》

陈独秀创办的《青年杂志》，后改名《新青年》。

和北京大学成为新文化运动的主要阵地。进步的知识分子团结在《新青年》周围，高举"德先生和赛先生"的旗帜，提倡民主、反对专制，提倡科学、反对迷信，提倡新道德、反对旧道德，提倡新文学、反对旧文学，从政治观点、学术思想、伦理道德、文学艺术等方面向封建复古势力发起猛烈的冲击。

1917年，俄国爆发十月社会主义革命，这场革命令世界震惊，也给彷徨中的中国知识分子带来了巨大鼓舞，使他们再次燃起了民族解放和民族复兴的希望。新文化运动由此进入宣传十月革命、宣传马克思主义的新阶段。1918年11月，《新青年》发表了李大钊写的《庶民的胜利》《布尔什维主义的胜利》两篇文章，对俄国十月革命进行了热情的讴歌，并满怀信心地预言："试看将来的环球，必是赤旗的世界！"新文化运动对社会主义思想的传播，启迪了一大批先进知识分子，他们逐渐选择和接受了马克思主义，作为拯救国家、改造社会的思想武器。新文化运动也启发了广大民众的民主主义觉悟，为五四运动的爆发做了思想上的准备。

1919年初，第一次世界大战中获胜的协约国在巴黎凡尔赛宫召开和平会议，作为战胜国之一的中国派出了陆征祥、顾维钧等人参加会议。国人们满心欢喜地准备欢庆胜利，学生们更是天真地以为，此次和会可以使中国"挽百十年国际上之失败""与英法美并驾齐驱"。然而，巴黎和会并没有像人们预想的那样主持公道，中国根本没有得到任何作为战胜国应得到的尊重。和会不顾中国提出的维护国家领土主权的三项提案，反而决定把德国在山东的特权全部转让给日本。外交失败的消息传来，群情激愤，国人在无尽的失望、愤怒、痛苦中终于清醒地意识到"强权即公理，弱国无外交"。无法抑制的爱国热情迸发了。1919年5月4日下午，北京大学、北京高等师范学校以及工业、农业、医学、政法等十几所专科以上学校的3000余名学生，高呼着"还我青岛""取消二十一条""外争主权，内除国贼"等口号，冲破反动军警的阻挠，从四面八方汇聚到天安门前，举行抗议集会，要求惩办交通总长曹汝霖、币制局总裁陆宗舆、驻日公使章宗祥，火烧了卖国贼曹汝霖的家——赵家楼。震惊中外的五四爱国运动爆发了。军警出面控制事态，当场逮捕了学生代表32人。这一举动更加激起了学生们的义愤，他们纷纷走上街头。北京各大专学校掀起总罢课，天津、上海等地院校纷纷成立学生联合会，声援北京学生。6月1日，北洋政府接连发出两道命令：一道为卖国贼曹汝霖、章宗祥、陆宗舆辩护；一道诬蔑学生爱国斗争为非法行为。这深深刺痛了爱国学生和民众的心，一场更大规模的反帝爱国运动兴起了。

　　6月5日上午，上海日商第三、第四、第五纱厂5000多名工人喊出"不替仇人做工"的口号，率先宣布罢工。到了下午，陆家嘴、杨树浦一带多家工厂的2万余名工人也加入了大罢工的浪潮。随后几天，上海各行业的工人积极响应，于6月10日形成全市总罢工，发出"不达惩办曹、章、陆目的，誓不开工"的誓言。接着，运动迅速波及全国各地，济南、青岛、天津、南京、杭州、宁波、武汉、南昌、扬州、安庆、厦门、广州、西安、沈阳、成都、昆明等全国100多个大中城市都掀起罢课、罢工斗争，形成前所未有的反帝爱国浪潮。在群众的压力下，北洋政府不得不释放被捕的学生，罢免曹汝霖、章宗祥、陆宗舆的职务。北洋政府曾电令中国驻巴黎使团，如期在严重损害中国主权的巴黎和约上签字。消息传出，再次激起人们的义愤，一场拒签和约的运动又在全国开展起来。中国驻巴黎使团共收到要求拒签和约的电报7000余份，到了和约原定签字之日的6月28日，中国使团在巴黎的驻地被旅法华侨和留学生包围。中国使团发表声明，最终拒绝在和约上签字。五四运动取得了重大胜利。

　　这场自发自觉的爱国运动，在民族危难之际凝聚起了磅礴的民族力量，高举起爱国主义的伟大旗帜，鼓舞了中国人民和中华民族实现民族复兴的志向和信心，在中华民族寻梦的路上写下了浓墨重彩的一笔。它是一场以先进青年知识分子为先锋、广大人

1919 年 5 月 4 日，爆发了以学生斗争为先导、各阶层积极响应的反帝爱国的五四运动。图为北京大学示威游行的队伍向天安门进发。

1919 年 5 月 7 日，在得知北京学生被捕的消息后，为力争国权，声援北京学生，上海各界两万余人在南市公共体育场召开国民大会。图为大会现场。

民群众参加的彻底反帝反封建的伟大爱国革命运动，是一场中国人民为拯救民族危亡、捍卫民族尊严、凝聚民族力量而掀起的伟大社会革命运动，是一场传播新思想新文化新知识的伟大思想启蒙运动和新文化运动，以磅礴之力鼓动了中华民族实现民族复兴的志向和信心。五四运动的鲜明特点在于，既有彻底反帝反封建的革命性，又有追求救国强国真理的进步性，还有各族各界群众积极参与的广泛性。最值得一提的是，在这场运动中，工人阶级以独立的姿态登上了政治舞台。五四运动追求真理、追求进步，实现了中国人民自鸦片战争以来的第一次全面觉醒，推动了中国社会进步，促进了马克思主义在中国的传播以及马克思主义同中国工人运动的结合，为新的革命力量、革命文化、革命斗争登上历史舞台创造了条件，是中国旧民主主义革命走向新民主主义革命的转折点，在近代以来中华民族追求民族独立和发展进步的历史进程中具有里程碑意义。经过这场运动的洗礼，越来越多的先进分子集合在马克思主义旗帜下，一个有能力、有魄力带领中国人民实现民族独立和复兴的伟大梦想、为中国历史掀开崭新一页的政党即将诞生。

暗夜星火，红船扬帆

马克思主义在中国的传播，为苦苦探索追梦之路的中国人指明了道路。1920年，受到马克思主义启迪的李大钊和陈独秀等人开始酝酿建党的问题。"北大红楼两巨人，纷传北李与南陈。"李大钊是中国最早的马克思主义传播者，他敏锐地认识到十月革命的划时代影响，也从中看到了中华民族争取独立和中国人民求得解放的希望。他在《新青年》发表《我的马克思主义观》，系统介绍马克思主义理论，在思想界产生了重要影响。1920年秋，李大钊领导建立了北京的共产党早期组织和北京社会主义青年团。陈独秀是新文化运动和五四运动的先驱，他创办的《新青年》和《每周评论》是宣传新思想的重要阵地。1920年5月，陈独秀领导成立了上海马克思主义研究会，8月在上海建立了中国共产党早期组织。在"南陈北李"的推动和共产国际代表的帮助下，全国各地陆续建立起共产党早期组织。

1921年7月中下旬，设在上海法租界白尔路389号的博文女校，陆续住进了一批教师、学生模样的青年人。名义上，他们是北京大学师生暑期考察团的成员，而他们的真实身份却是各地共产党早期组织的代表，来上海是为了参加一次历史性的会议。7月23日，这群青年人来到位于法租界望志路106号李汉俊之兄的李书城的住宅，室内陈设简单、气氛庄重。大家围坐在客厅长餐桌四周，共同商谈成立一个新的政党。这就是中国共产党第一次全国代表大会的开幕，是中华民族寻梦路上值得永远铭记的一天。参加会议的除了李达、李汉俊、张国焘、刘仁静、毛泽东、何叔衡、王尽美、邓恩铭、陈潭秋、董必武、周佛海、陈公博等12位代表，还有受陈独秀派遣前来参加会议的包惠僧，以及共产国际代表马林和尼克尔斯基。会议一天一天地进行，与会代表介绍了各地共产党组织的工作情况，热情地讨论着即将成立的政党的纲领等事宜。然而，到了第八天，7月30日晚上，会议刚刚开始，一名陌生的中年男子突然闯入会场，环视一周后又匆忙离去。具有丰富秘密工作经验的共产国际代表马林，建议立即休会，大家分头离开。果然，十几分钟后，两辆警车包围了会场，四处询问搜查，但没有找到多少证据。经过这场风波，大家一致认为上海已

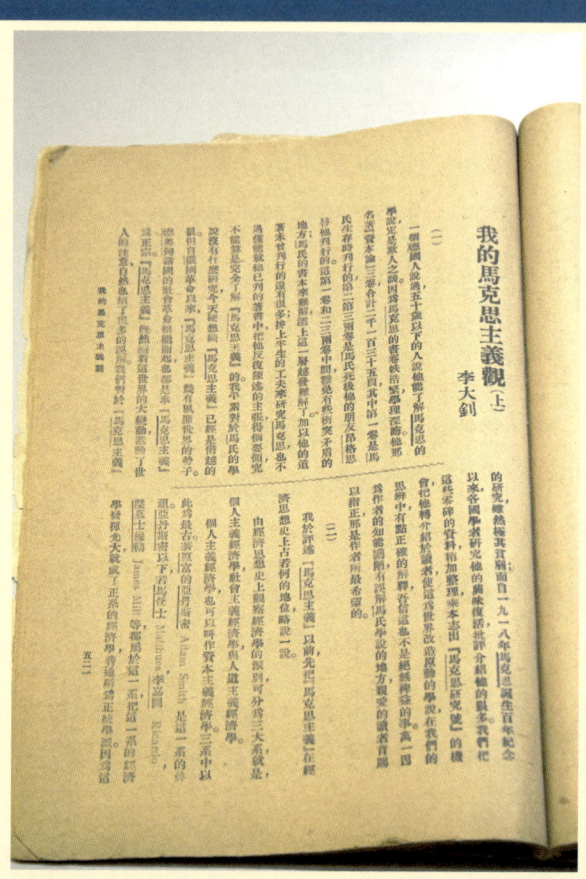

1919 年，李大钊在《新青年》上发表《我的马克思主义观》一文，比较全面地介绍马克思主义的唯物史观、经济学说和社会主义理论。

1921 年 7 月 23 日，中国共产党第一次全国代表大会在上海召开，宣告了中国共产党的诞生。图为中共一大会址外景。

不安全，不能再待在这里了。那么，该转移到哪里继续开会呢？有人提议到杭州去，有人反对，认为在繁华的杭州开会容易暴露。李达夫人王会悟提出：不如到她的家乡嘉兴南湖开会，离上海很近，又易于隐蔽。大家纷纷表示赞成。

就这样，会议转到了嘉兴南湖的一艘画舫上继续举行。在这艘小小的画舫上，通过了《中国共产党纲领》和《关于当前实际工作的决议》，选举产生了中央领导机构，庄严宣告了中国共产党的诞生。中共一大通过的纲领规定：革命军队必须与无产阶级一起推翻资本家阶级的政权，必须援助工人阶级，直到社会阶级区分消除的时候；承认无产阶级专政，直至阶级斗争结束为止；消灭资本家私有制，没收机器、土地、厂房和半成品等生产资料；联合第三国际。纲领明确提出，"要把工人、农民和士兵组织起来，并以社会革命为自己政策的主要目的"。由此可见，中国共产党从成立伊始就把社会主义和共产主义作为自己的奋斗目标，把为中国人民谋幸福、为中华民族谋复兴确立为自己的初心使命。理想很崇高，现实很艰难。刚刚诞生、略显稚嫩的中国共产党对当时中国社会的实际情况缺乏深入分析，也没有提出现阶段党的革命任务和奋斗目标。艰难的探索刚刚起步，但他们以科学的理论——马克思主义为指导，提出动员组织广泛的工人群众，表现出比此前任何一股力量都要先进的鲜明品格，给处于暗夜中的中国大地带来一丝曙光。南湖上这艘见证中国共产党诞生的"母亲船"，因党旗的鲜红颜色而拥有了"红船"这一永载史册的名字，成为中国革命源头的重要象征。从此，中国共产党引领着中国这艘航船，劈波斩浪、开天辟地，在追求民族独立复兴梦想的航程中不断前行，从而深刻改变了近代以后中华民族发展的方向和进程，深刻改变了中国人民和中华民族的前途和命运，

1921 年 7 月 30 日晚，中共一大会议因遭上海法租界暗探和巡捕的骚扰而被迫中断。代表们分散转移到浙江嘉兴南湖，在一艘游船上召开了最后一次会议。图为召开最后一次会议的游船。

深刻改变了世界发展的趋势和格局。

从诞生之日起，中国共产党就肩负着两大历史使命：一是推翻帝国主义和封建主义统治，实现民族独立和人民解放；二是彻底改变国家贫穷落后面貌，实现国家富强和人民幸福。中国共产党的历史使命与实现中华民族伟大复兴的中国梦紧密相连，而民族独立和人民解放是民族复兴的第一步。

1922年6月，面对北洋军阀割据纷争的局面，成立不到一年的中国共产党第一次发表了自己关于时局的主张，分析了辛亥革命以后帝国主义和封建军阀互相勾结、压迫人民的历史和现状，指出中国内忧外患的根源和人民痛苦的根源都在于帝国主义侵略和军阀政治。继而，这份主张提出无产阶级在目前最迫切的任务是用革命手段取消帝国主义列强在中国的各种特权；肃清军阀，没收军阀官僚的财产，将他们的田地分给贫苦农民；保障人民的自由权利。为了完成这个任务，中国共产党主张和国民党等革命党派以及其他革命团体建立民主主义的联合战线，共同反对帝国主义列强和封建军阀的双重压迫。《中国共产党对于时局的主张》对反帝国主义、反封建军阀的呼吁，显示了中国共产党对如何实现民族独立的进一步思考与探索。

一个月之后，党的二大在上海召开，通过的《中国共产党宣言》提出了党在现阶段历史条件下的奋斗目标，即所谓最低纲领，主要包括：消除内乱，打倒军阀，建设国内和平；推翻国际帝国主义的压迫，达到中华民族完全独立；统一中国本部（东三省在内）为真正的民主共和国；等等。这就在全中国人民面前破天荒地第一次明确提出反帝反封建的民主革命纲领，明确提出"中华民族完全独立"的奋斗目标，为中国革命指明了方向。

怎样才能实现反帝反封建、民族独立的目标呢？成立初期力

全世界的劳动者联合起来呵！

中國共產黨宣言

中國共產黨中央執行委員會印行

党的二大通过的《中国共产党宣言》

量尚小的中国共产党，决定寻求与孙中山领导的国民党合作。在国共两党合作下，一场声势浩大的大革命席卷中国大地，"打倒列强、除军阀"的口号传遍大江南北。这场革命风暴基本上推翻了北洋军阀的统治，给帝国主义和封建势力以沉重的打击。

　　然而，孙中山去世后，以蒋介石为代表的国民党右派背叛革命，掀起反共浪潮，1927年"四一二反革命政变"和"七一五反

1924 年 1 月 20 日，中国国民党在粤举行第一次全国代表大会。孙中山任大会主席，李大钊被指定为大会主席团成员之一。图为大会现场。

1931 年秋，在粉碎国民党第三次"围剿"后，中央革命根据地已有面积约 5 万平方公里，人口 250 万。图为中央革命根据地的中心——江西瑞金。

革命政变"对共产党员的清洗令人震惊和痛心，轰轰烈烈的大革命局面戛然而止。年轻的中国共产党遭遇了一场严峻的考验，白色恐怖笼罩之下，他们不得不转入地下，革命陷入了低潮。如何才能保存力量、重整旗鼓继续为民族独立而奋斗呢？中国共产党明白，道路只有一条，那就是拿起武器，团结工农，进行武装反抗。正如毛泽东所说："中国共产党和中国人民并没有被吓倒，被征服，被杀绝。他们从地下爬起来，揩干净身上的血迹，掩埋好同伴的尸首，他们又继续战斗了。"中国共产党先后发动了数次武装暴动，虽然对国民党反动势力造成一定打击，但最终都以失败而告终。这个时候，毛泽东意识到，城市反动势力强大，不适合力量弱小的共产党进行革命斗争。因此，他提出到农村去、到山上去。井冈山成为革命的摇篮，点燃了希望的星星之火。除井冈山之外，赣南闽西、湘鄂西、鄂豫皖边、湘鄂赣边等10多块革命根据地建立起来，中国共产党自己的武装军队——中国工农红军也逐渐得到发展壮大。

中流砥柱，抗击外敌

就在国民党大规模"剿共"之际，盘踞中国东北的日本关东军于1931年发动了一场突然袭击，让本已背负深重耻辱的中华民族陷入了更加深重的危机。虽然是突袭，但这场阴谋却是酝酿已久的。1905年日俄战争后，日本攫取了中国旅顺、大连等地的租借权和"长春－旅顺"一段铁路及附属设施的财产权利。此后，日本创立"南满洲铁道株式会社"，并由关东军负责铁路沿线的警备。而在日本国内，政府确立了"欲征服世界，必先征服中国；欲征服中国，必先征服满蒙"的侵略方针。1931年9月18日晚上，关东军铁道"守备队"炸毁了沈阳柳条湖附近日本修筑的南满铁路路轨，并嫁祸于中国军队，以此为借口，炮轰中国东北军北大营。这就是震惊中外的九一八事变。在国民党"不抵抗"政策下，日本很快占领沈阳，继而吞并东北三省，建立起"伪满洲国"傀儡政权。

面对日本的侵略，中国共产党最早举起了坚决抵抗日本帝国主义侵略的鲜明旗帜，勇敢担负起了带领广大中国人民追求民族独立梦想的使命。在九一八事变发生后的第二天上午，中共满洲省委立即召开了紧急会议，决定要给中央写一个报告，先以省委的名义发表一个宣言。宣言定稿后，马上刻蜡纸、印刷，并通过共产党员、共青团员和进步学生在街头散发出去，当天下午就出现在沈阳的大街小巷。这就是中国第一份抗日宣言——《中共满洲省委为日本帝国主义武装占领满洲宣言》（以下简称《宣言》）。《宣言》揭露了日本帝国主义发动九一八事变的根源，指出："这一事件的发生不是偶然的！这一政策是日本帝国主义者为实现其'大陆政策'、'满蒙政策'所必然采取的行动！"《宣言》向国民尤其是工农兵劳苦群众发出号召："罢工、罢课、罢市，反对日本帝国主义占领满洲，打倒日本帝国主义，打倒投降卖国的国民党。"这振聋发聩的抗战第一声，显示了中国共产党的时代担当。紧接着，9月20日，中共中央发表《中国共产党为日本帝国主义强暴占领东三省事件宣言》；9月22日，中共中央作出《中央关于日本帝国主义强占满洲事变的决议》并通电全国；9月30日，中共中央发表《中国共产党为日本帝国主义强占东三省第二次宣言》。通过这些密集的发声，中国共产党揭露了日本的侵略本质，号召全国民众以民族革命战争驱逐日本帝国主义出中国，以求得中华民族的彻底解放与独立。1932年4月，中国共

震惊中外的九一八事变发生后，在蒋介石"绝对不抵抗"的命令下，东北军大部撤至山海关内。短短 4 个多月内，中国东北全部沦陷。图为 1931 年 9 月 19 日，日本军队在沈阳城墙上攻击中国军队。

中国共产党领导下的东北抗日游击队，于 1933 年秋开始组编为东北
人民革命军，1936 年 2 月改编为东北抗日联军。图为游击队战士在
同日军作战。

1937 年 9 月 25 日，八路军在平型关伏击日军，歼敌 1000 余人，取得抗战以来中国军队的第一次大胜利。图为向平型关挺进的八路军第一一五师。

产党建立的中华苏维埃共和国临时中央政府在《红色中华》报上发布《对日战争宣言》，正式对日宣战。

除旗帜鲜明宣示抗日立场之外，中国共产党最早组织起了抗日游击战争。他们积极支持由东北军爱国官兵和各阶层人士组成的东北抗日义勇军，在抗日义勇军解散后建立起自己的抗日武装。从反日游击队到东北人民革命军再到东北抗日联军，中国共产党领导组织的抗日武装在茫茫的白山黑水之间与日本侵略者展开了奋勇斗争，谱写了可歌可泣的悲壮诗篇。

东北抗联第一路军总司令兼政治委员杨靖宇，带领第一路军的将士们战斗在冰天雪地之中，只身与敌人周旋五天五夜，直到弹尽粮绝壮烈牺牲。残忍的敌人剖开他的肚子，发现他的胃里尽是枯草、树皮和棉絮，竟没有一粒粮食……对于抗联部队来说，缺衣少食是常见的事。他们有时被困在深山老林里，一两个月吃不到一粒粮食，战士们只能捡草根、树皮、野菜充饥；东北地区的冬季漫长而寒冷，很多战士在零下三四十摄氏度的雪地里还穿着单衣单鞋，有些战士被冻掉了双脚，甚至被永远埋在厚厚的积雪中。就是在这样极为艰难的条件下，中国共产党领导抗联部队，战斗在东北广袤的土地上，在没有任何外部军事和经济援助的情况下，用简陋的武器与装备精良的日本侵略者英勇奋战，坚持了整整14年，迟滞了日本军队南下侵略的步伐，也唤醒了中华儿女的爱国救亡热情。

在民族危机日渐严重的关头，中国共产党以民族利益为重，毅然放下遭受血腥屠杀、围追堵截的仇恨，呼吁国共合作，建立抗日民族统一战线，全民族共同抗战。1935年8月，红军仍在万里长征的艰难路途中，中国共产党就发表《为抗日救国告全体同胞书》，明确表示只要国民党军队停止进攻苏区，实行对日作战，红军愿立刻与之携手，共同救国。1936年12月，爱国将领张学良、杨虎城在西安发动"兵谏"，扣留蒋介石，史称西安事变。中国共产党最终促成了西安事变的和平解决，开启国共合作、一致抗日的新阶段。

1937年7月7日夜，卢沟桥的日本驻军径自在中国驻军阵地附近举行所谓的军事演习，并诡称有一名日军士兵失踪，要求进入北平西南的宛平县城搜查。这一不合理要求被中国驻军严词拒绝，日军随即向宛平城和卢沟桥发动进攻。七七事变爆发了，中华民族到了最危险的时候。"平津危急！华北危急！中华民族危急！"这字字如血的呐喊，是事变第二天，中国共产党在通电中的痛心疾呼。国难当头，只有全民族团结抗战才是唯一的出路。中国共产党发出强烈呼吁："全中国同胞、政府与军队，团结起来，筑成民族统一战线的坚固长城，抵抗日寇的侵略！国共两党亲密合作，抵抗日寇的新进攻！驱逐日寇出中国！"在中国共产党的积极推动下，出现了国共合作、全体中华儿女万众一心、团结御侮的全民族抗战局面。

在这次国共合作中，共产党领导的红军主力改编为国民革命军第八路军，还有部分红军和游击队留在湘、赣、闽、粤、浙、鄂、豫、皖八省边界地区，他们随后改编为国民革命军陆军新编第四军。接受改编后，八路军迅速走上了抗日前线。他们积极配合国民党军队正面战场作战，从侧翼阻击进犯山西的日军。一位满身是伤的八路军战士拖着疲惫的身躯与五六名敌人周旋战斗着，敌人把他团团包围起来，这时，战士拉响了身上仅有的一颗手榴弹，与敌人同归于尽。这一令人动容的场面，发生在1937年9月的平型关。就是靠着这样的浴血奋战精神，八路军第一一五师取得了这场战役的胜利，歼灭了号称"钢军"的板垣征四郎师团主力一部及辎重车队。这是一次漂亮的胜仗，也是全民族抗战以来中国军队打的第一场胜仗。"日军不可战胜"的神话破灭了，

1937 年 12 月 13 日，日军侵占南京后，在全城进行了长达 40 多天惨绝人寰的血腥大屠杀，中国军民被杀害 30 余万人。这段历史被称为"南京大屠杀"。

全国军民的抗战信心与希望被点燃了。"首战平型关，威名天下扬。"共产党和八路军一战成名，人们开始相信，这个党、这支军队是有决心、有能力抗击敌人的。

百团大战是抗日战争时期，八路军在华北敌后发动的一次大规模进攻和反"扫荡"的战役，由于八路军参战兵力达 105 个团，故称"百团大战"。图为百团大战中八路军破坏正太铁路。

当时，日军把国民党作为主要作战对象。国民党军队在正面战场先后进行了平津战役、淞沪战役、晋北战役、徐州战役和武汉保卫战，粉碎了日本侵略者"三个月灭亡中国"的狂妄计划。但国民党军队在正面战场上处于被动的不利局面，胜少败多，在一年多的时间里，北平、天津、上海、南京、广州、武汉都沦陷于敌手。最惨绝人寰的是，日军在攻陷国民政府首都南京之后，进行了一场骇人听闻的大屠杀，中国军民被枪杀和活埋的人达30多万。当国民党军队在正面战场节节败退之时，中国共产党领导的八路军和新四军走向敌后，开辟了敌后战场，开展游击战争，与日本侵略者浴血奋战，建立敌后抗日根据地，成为全民族抗战的中流砥柱。

1938年10月，日军占领武汉后，逐渐将其兵力转移到敌后战场，用于打击八路军和新四军这两股抗日力量，中国共产党肩负起抗击日军的主要责任。他们在群众的支持下，扩充武装力量，还发展了十几块抗日根据地。1940年下半年，八路军在华北发动了一次大规模的对日进攻。这场战斗持续了近4个月，共进行大小战斗1800多次，陆续参战的部队达到100多个团，毙伤日军20645人、伪军5155人；俘获日军281人、伪军18407人；日军投降47人，伪军反正1845人；破坏铁路474公里、公路1500多公里、桥隧和火车站260多处，摧毁大量敌堡和据点；缴获各种炮53门，各种枪5900余支。这就是赫赫有名的百团大战。这场战斗打出了八路军的军威，打消了日本企图以"囚笼政策"分割各抗日根据地的阴谋，打击了日军的嚣张气焰。

八路军敌后作战的一个鲜明特点就是依靠群众发动出敌不意的游击战。正准备到抗日根据地"扫荡"的日军突然踩到地雷被炸飞，电影里的这一幕正是游击战的生动写照。除了地雷战，还有地道战、铁道游击队等，这些令敌人闻风丧胆的战斗形式、

1945 年 8 月 15 日，日本天皇宣布无条件投降，中国抗日战争取得伟大胜利。图为受日军 14 年蹂躏之苦的东北人民欢庆胜利。

战斗力量，对消灭敌人力量、震慑敌人起到了很大作用。共产党还依靠群众进行根据地建设，开展大生产运动。面对敌人的"扫荡"与封锁，抗日根据地要发展、要壮大，就只能靠"自己动手，丰衣足食"。曾经荒无人烟的南泥湾，在迎来共产党的军队后，面貌开始改变了。在这片野草丛生、荆棘遍野、人迹稀少、野兽出没的荒凉之地，八路军靠自己的双手改天换地。没有房，就自己动手挖窑洞；没有粮食，就自己开荒耕种；没有工具，就自制锄铲。经过三年的艰苦奋战，这里变成了"处处是庄稼，遍地是牛羊"的陕北好江南。

正是靠这样的坚强意志和群众的大力支持，中国共产党在敌后坚持抗战，终于迎来了世界反法西斯战争形势的好转，中国抗日战争也进入了全面反攻阶段。1945年8月9日，毛泽东发表《对日寇的最后一战》，号召"中国人民的一切抗日力量应举行全国规模的反攻"，提出"八路军、新四军及其他人民军队，应在一切可能条件下，对于一切不愿投降的侵略者及其走狗实行广泛的进攻，歼灭这些敌人的力量，夺取其武器和资财，猛烈地扩大解放区，缩小沦陷区"。在毛泽东的号令下，各抗日根据地发起猛烈的全面反攻。1945年8月15日，日本天皇宣布无条件投降。9月2日，日本正式在投降书上签字。这是永远铭刻在中华民族史册上、永远铭记在全体中华儿女心中的日子，中国人民追求民族独立、自由、解放的斗争取得伟大胜利！百年追寻，百年奋战，流下了多少眼泪，抛洒了多少热血，许下了多少企盼，民族独立的梦想终于在这一天实现了！这是中华民族自近代以来陷入深重危机后，重新走向伟大复兴的历史转折点，开启了古老中国凤凰涅槃、浴火重生的崭新征程。

独立解放，梦想成真

抗日战争的胜利，使中华民族洗去了整整一个世纪的耻辱，而始终战斗在抗战最前线、带领人民勠力同心抗击日寇、支撑起中华民族救亡图存希望的，正是中国共产党。人们举国同庆，沉浸在胜利的喜悦中，满怀期待地准备迎接和平建设。然而此时，

1945 年 8 月 28 日，毛泽东、周恩来、王若飞（右 1）赴重庆谈判。图为毛泽东离开延安机场时，同专程由重庆飞抵延安迎接的美国驻华大使赫尔利（前中）和国民党政府代表张治中（左 1）合影。

解放战争三大战役得到了东北、华北、华东、中原等各解放区亿万人民的支援。图为平津战役中，东北翻身农民组织万人担架队随军入关。

国共内战的阴云却很快笼罩了中国大地。实际上，在全民族抗日战争紧张地进行时，国民党就已经开始酝酿打击共产党，伺机掀起反共浪潮。1941年1月，奉命北移的新四军军部及其所属皖南部队9000余人，从云岭驻地出发绕道北上。当他们到达安徽泾县茂林地区时，突然遭到国民党军队7个师8万余人的包围袭击。不明所以的新四军部队仓促应战，在奋战七昼夜后，终因寡不敌众、弹尽粮绝，除少部分突围到皖北、苏南外，大部分壮烈牺牲或被俘。军长叶挺赴国民党军队师部谈判时被扣押，副军长项英、参谋长周子昆、政治部主任袁国平等都在突围中壮烈牺牲。这就是震惊中外的皖南事变。周恩来悲愤地发出了对国民党的声讨："千古奇冤，江南一叶；同室操戈，相煎何急？！"这件事令人们深感震惊，同时对国民党的失望和愤怒日渐加深，对共产党的同情和支持与日俱增。

日本投降后，中国共产党响应广大人民的心声，抱着避免内战、两党和平合作建设中国的愿望，与国民党进行和谈。1945年8月28日，应蒋介石再三邀请，毛泽东赴重庆同国民党谈判。10月10日，国共两党达成"双十协定"。但国民党早就下定决心要消灭共产党，不可能真正与共产党实现共商共建，"双十协定"很快就被蒋介石撕毁了。经过一段时间的酝酿，蒋介石认为发动内战的时机成熟了。1946年6月26日拂晓，国民党军队分四路向共产党的中原军区部队发起进攻。人们最不愿意看到的局面发生了，全面内战由此爆发。

解放战争刚开始的时候，几乎没有人认为共产党能打赢，因为无论在人数上还是装备上，国共两党军队的实力差距都极为悬殊。国民党当时拥有正规军86个整编师约200万人，加上非正规军、军事院校、后方机关等，共有430万人。而共产党的人民解放

1949 年 4 月 23 日，人民解放军占领南京，宣告了国民党政权在全国统治的覆灭。

军只有野战军61万人，地方部队和后方机关人员66万人，总数127万人。在装备方面，国民党军队有美国机械装备的援助，还接收了日军的先进武器，拥有坦克、重炮、作战飞机和海军舰艇，而这些都是解放军不曾拥有的。解放军的不少部队都是民兵，武器依旧是大刀长矛，即使正规军也是轻武器简陋、重武器匮乏。这也是蒋介石敢自负地发动内战的原因。然而仅仅3年时间，形势就发生了天翻地覆的变化。1948年9月到1949年1月，解放军连续进行了辽沈、淮海、平津三大战役，基本歼灭国民党主力，解放了长江中下游以北地区。1949年4月，人民解放军横渡长江，解放了南京，宣告了国民党统治的覆灭。

兵力不足、武器简陋的人民解放军为什么能在短短几年时间里战胜兵力庞大、拥有现代武器装备的国民党军队，创造出这一人类历史上的战争传奇？靠的就是共产党的领导和广大人民群众的支持。当国民党军队精神堕落、生活腐化时，共产党人始终坚守着民族独立复兴的信仰和艰苦奋斗的精神；当国民党军政大员发"国难财"，打着"接收"的旗号将土地、矿山、企业、国家财产都用来中饱私囊时，共产党人做的是开展土地改革，帮助广大农民摆脱地主剥削、翻身做主人。人心向背，决定着战争局势的走向。淮海战役里，几百万人民群众冒着枪林弹雨，推着小推车把粮食、炮弹运往前线，最终推出了战争的胜利。

解放战争的胜利，彻底摧毁了国民党的反动政权。1949年10月1日，中华人民共和国成立。一百年多年来帝国主义勾结封建统治者剥削压迫中国各族人民和内外战乱频仍、国家四分五裂的局面终于结束，中华民族积贫积弱、受人欺凌的悲惨命运终于改变，中国人民梦寐以求的民族独立和人民解放终于实现。中国人民从此站起来了，中华民族伟大复兴的梦想由此再进一程。

第三章

敢教日月换新天：
一穷二白的中国
是如何实现
现代化建设自强梦的？

改天换地，巩固政权

新中国的成立，实现了近代以来中华民族孜孜以求的独立解放梦。毛泽东说："我们的民族将再也不是一个被人侮辱的民族了，我们已经站起来了。"踏上崭新的征程，中国共产党领导中国人民追梦的脚步没有停歇，他们满怀凌云壮志，继续向国家富强、民族复兴的目标努力前行。

新生的共和国，面对的是战争留下的累累创伤，是国民政府经济崩溃、物价膨胀、投机猖獗后的烂摊子，是负隅顽抗的国民党残余势力和蠢蠢欲动伺机进攻新生政权的其他反动势力。此外，国际上，以美国为首的帝国主义国家敌视新中国，采取政治上孤立、经济上禁运封锁、军事上包围威胁的政策。如何解决这些棘手问题、突破困境、带领共和国走上自强之路呢？首先要巩固新生的人民政权，为现代化建设打下良好基础。开国前夕，毛泽东以气壮山河的豪情宣布："中国人民将会看见，中国的命运一经操在人民自己的手里，中国就将如太阳升起在东方那样，以自己的辉煌的光焰普照大地，迅速地荡涤反动政府留下来的污泥浊水，治好战争的创伤，建设起一个崭新的强盛的名副其实的人

1949 年 10 月 1 日下午 3 时，首都北京 30 万军民云集天安门广场，隆重举行开国大典。毛泽东主席在天安门城楼上向全世界庄严宣告："中华人民共和国中央人民政府今天成立了。"

民共和国。"抱着这样坚定的信念，共产党领导人民进行了大刀阔斧的改革，以战胜政治、经济、军事等方面一系列严峻挑战，包括：肃清国民党反动派残余武装力量和土匪；和平解放西藏，实现祖国大陆完全统一；稳定物价，统一财经工作；完成土地改革；进行社会各方面民主改革，实行男女权利平等；镇压反革命，开展"三反""五反"运动，荡涤旧社会留下的污泥浊水……经过暴风骤雨般的变革，经济社会秩序逐渐稳定，社会面貌焕然一新。

这一时期，中国成功进行了一场保家卫国战争，极大地提振了民族自信心。这就是抗美援朝战争。1950年6月25日，朝鲜内战爆发。美国政府决定进行武装干涉，并派遣第七舰队侵入台湾海峡。10月初，美军不顾中国政府一再警告，悍然越过"三八线"，把战火烧到中朝边境。侵朝美军飞机多次轰炸中国东北边境地区，给人民的生命财产造成严重损失，使共和国的安全受到了严重威胁。在这个危急关头，应朝鲜劳动党和政府请求，中国共产党和政府以非凡的气魄和胆略作出抗美援朝、保家卫国的决策。10月19日，中国人民志愿军在彭德怀司令员兼政治委员的率领下，高举着保卫和平、反抗侵略的正义旗帜，雄赳赳、气昂昂，跨过鸭绿江。这场战争历经两年零九个月，中国人民志愿军同朝鲜人民和军队一道进行了艰苦卓绝的浴血奋战，最终赢得了胜利。"这激战整整持续了八个小时，最后，勇士们的子弹打光了。蜂拥上来的敌人，占领了山头，把他们压到山脚。飞机掷下的汽油弹，把他们的身上烧着了火。这时候，勇士们是仍然不会后退的呀，他们把枪一摔，身上、帽子上冒着呜呜的火苗向敌人扑去，把敌人抱住，让身上的火，把要占领阵地的敌人烧死。"这是作家魏巍在报告文学《谁是最可爱的人》里的一段文字。在

应朝鲜党和政府的请求，中共中央、中国政府作出"抗美援朝、保家卫国"的战略决策，组成中国人民志愿军，任命彭德怀为司令员兼政治委员，赴朝作战。图为 1950 年 10 月 19 日，中国人民志愿军分三路跨过鸭绿江。

朝鲜战场上，像这样令人动容的画面数不胜数。当敌人将燃烧弹扔到身边的时候，为了不暴露目标，为了保证潜伏任务的完成，邱少云硬是咬紧牙关、一声不吭，没有做任何滚翻、扑打的自救动作，直到被烈火活活烧死；当敌人的机枪向冲锋部队疯狂扫射时，已经身负重伤的黄继光忍着剧痛，艰难地爬到地堡射孔，毅然跃身而起，张开双臂，向火力点直扑上去，用胸膛堵住美军正在扫射的枪口……正是因为有了千千万万这样顽强战斗、舍生忘死的志愿军战士，中国才取得了抗美援朝战争的胜利。这一场保家卫国的战争，打出了国威军威，打出了中国人民的精气神，拼来了山河无恙、家国安宁，捍卫了新中国安全，彰显了新中国大国地位。帝国主义再也不敢作出武力进犯新中国的尝试，新中国在错综复杂的国内国际环境中真正站稳了脚跟。世界为之震动，中华儿女为之振奋。从此，中国人民彻底扫除了近代以来任人宰割、仰人鼻息的百年耻辱，彻底扔掉了"东亚病夫"的帽子，中国人民真正扬眉吐气了，中华民族更加自信地在伟大复兴的征程上昂首阔步。

在中国实现社会主义，是中国共产党自成立伊始就提出的奋斗目标。中华人民共和国的成立，为走向社会主义的康庄大道创造了前提。中国共产党不失时机地提出过渡时期总路线，即在一个相当长的时期内，逐步实现国家的社会主义工业化，并逐步实现国家对农业、手工业和资本主义工商业的社会主义改造。这就明确了过渡时期的两项历史使命，一是由农业国向工业国过渡，二是由新民主主义社会向社会主义社会过渡。到1956年年底，基本完成了对个体农业、手工业和资本主义工商业的改造，建立起社会主义制度。这一场深刻的社会变革，使中国走上了社会主义道路，为国家的一切进步和发展奠定了重要基础，为现代化建设开辟了广阔的前景。一个社会主义的中国从此屹立在世界东方，新的里程碑在中华民族追逐伟大复兴梦想的征途上高高树起。

1952 年国庆节，首都人民游行庆祝国民经济恢复任务胜利完成。全国人民经过三年的艰苦努力，迅速医治了战争创伤，完成了国民经济恢复任务。

工业立国，艰辛创业

从落后的农业国变成先进的工业国，是中国共产党对国家富强的最初设想。而在"一穷二白"的情况下，如何集中有限的人力、物力、财力来进行大规模建设呢？

中共中央决定，从1953年开始实行发展国民经济的第一个五年计划。"一五"计划（1953-1957）的制定历时五年，数易其稿，直到1955年7月第一届全国人民代表大会第二次会议才审议通过，而此时，计划涵盖的时间已经过去了一半。"一五"计划确定的一条重要方针是集中主要力量发展重工业，建立国家工业化和国防现代化的初步基础，一项基本任务是集中主要力量进行以苏联帮助中国设计的156个建设项目为中心、由限额以上的694个建设项目组成的工业建设，建立社会主义工业化的初步基础。由此可以看出，"一五"计划的鲜明特点是工业优先，特别是重工业优先。这是适应中国国情的选择。毛泽东说过："现在我们能造什么？能造桌子椅子，能造茶碗茶壶，能种粮食，还能磨成面粉，还能造纸，但是，一辆汽车、一架飞机、一辆坦克、一辆拖拉机都不能造。"在生产能力和技术水平低下，能源、原材料、机械工业长期落后的情况下，优先发展重工业，才能形成强大的工业化基础。为此，"一五"计划明确提出，工业基本建设计划是整个五年计划的中心，而工业基本建设的目标就是要建立起由现代先进技术装备起来的工业，同时用现代先进技术逐步改造原有的工业。"一五"期间，以苏联援建的156个项目为中心，先后开工建设了1万多个工业项目。汽车制造业、飞机制造业等一些现代工业部门从无到有地建设起来，初步建成了独立的比较完整的工业体系，工业布局也有所改善。

20世纪50年代，"一五"计划期间，人们选购罐头食品。

"一五"期间，中国的工业建设得到苏联政府和人民的大力援助，仅苏联派来的技术专家就达 3000 人。图为苏联专家和鞍钢技术人员在研究工程设计。

新建的工业部门中，以机械工业最为突出，主要是在重型矿山设备、电站设备、交通运输设备、内燃机、机床工业、农业机械、通用机械、仪表工业等方面新建了一批大型企业，创造了数个新中国历史上的"第一"。1953年7月，中国第一座汽车厂——第一汽车制造厂在吉林长春举行奠基典礼，几代中国人梦寐以求的建设自己的汽车工业的梦想变成了现实。三年后，中国第一辆

"解放牌"载重汽车在一汽诞生，结束了中国不能自己生产汽车的历史。1956年是新中国机械工业建设史上具有里程碑意义的一年，除了"解放牌"载重汽车问世外，沈阳飞机制造厂也在这一年制造出中国第一架喷气式歼击机，而中国第一座制造机床的工厂——沈阳第一机床厂和中国第一座生产电子管的工厂——北京电子管厂都是在这一年建成投产的。

钢铁工业成就斐然。作为整个工业的基础，"一五"期间大力发展冶金工业，重点就是对鞍山钢铁公司进行大规模改扩建。作为新中国最早开工生产的钢铁企业，鞍钢浇铸了新中国的第一炉铁水、第一炉钢水，生产出新中国第一根钢轨、第一根无缝钢管，被誉为"共和国钢铁工业的摇篮"。1953年12月26日，鞍山钢铁公司的三大工程——大型轧钢厂、无缝钢管厂、七号炼铁炉举行开工典礼。改造和扩建后的鞍钢迅速成为全国钢铁供应的主要基地。1957年，鞍钢的生铁产量达336.1万吨，钢291.07万吨，钢材192.39万吨；国家投资17.59亿元，上缴利润22.4亿元。此外，国家还建设起武汉和包头两大新的钢铁生产基地，调整和扩建马鞍山、重庆、太原等地的钢铁企业，新建和改扩建了一批特殊钢材和优质钢材生产企业，初步形成了比较合理的钢铁工业布局。

煤炭、电力、石油等能源工业是开展大规模经济建设的基础。在煤炭工业方面，除改扩建一批原有矿区外，还开发了一批新矿区，先后开工建设的新矿区有12个。大同矿务局创造出的"多孔道循环掘进工作法"在全国推广，大大提高了煤矿的掘进速度，节省了大量资金。在电力工业方面，既加强了东北、华北、中南、华东地区原有电力工业基地的建设，又在西南、西北地区新建和改扩建15个电站。到"一五"计划收官的1957年，全

从 1953 年，中国开始实施第一个"国民经济发展五年计划"，其中包括 156 项重大建设工程。图为 1956 年 7 月 13 日，第一辆国产载重汽车在长春第一汽车厂诞生，从而结束了中国不能制造汽车的历史。

1954 年 12 月 25 日，贯通"世界屋脊"的康藏、青藏公路全线通车，沟通了西藏和祖国内地的联系，促进了西藏地区经济和文化事业的发展。图为行驶在康藏公路上的车队。

1957年10月15日，万里长江上第一座铁路公路两用桥——武汉长江大桥建成通车。图为武汉长江大桥通车典礼。

国发电量达到190多亿度，是1953年的2.64倍，基本满足了生产建设需要。在石油工业方面，通过地质勘探，发现了新的油田。在广袤的新疆准噶尔盆地西北部，广大地质科研工作者开始了艰辛的勘探。新中国刚成立时，苏联专家已经在这个地方进行了长时间的调查和勘探，但并没有发现油田。中国燃料工业部新疆石油公司从苏联专家手里接管了勘探业务，总经理张文彬在听取了专家关于此地蕴含丰富石油的论证后，果断拍板钻井勘探，他说："国家需要我们在短时间内找到大油田。在我们面前，没有任何退路，只有大踏步地向前！就算只有百分之一的希望，我们也要付出百分之百的努力！"地质工作者和钻井队的职工们抱着为祖国寻找大油田的雄心壮志，战胜了荒漠戈壁的风沙酷暑，终于发现了黑油山油田（后来命名为克拉玛依油田）。除克拉玛依油田外，这一时期还在柴达木盆地发现了冷湖油田。石油开采和加工能力提高，1957年，中国原油产量达到146万吨。

"一五"时期，中国的兵器工业得到了第一次大规模建设与发展。一方面，在苏联技术援助下，对33个原有兵器企业进行全面技术改造和改扩建，提高了技术水平和生产能力。另一方面，苏联援建的21个兵器工业项目中，有17个在这一时期开工，集中建设了包头、太原、西安三大兵工基地。这批新建的兵工厂涵盖了兵器工业各主要专业领域，后来成为中国兵器工业的中坚力量。

在交通运输方面，铁路、公路、河运、航空业都展开了热火朝天的建设，取得了令人瞩目的成就。"蜀道难，难于上青天"，在地势复杂、山路崎岖的蜀道上，中国建成了宝鸡至成都的宝成铁路。宝成铁路几乎全线处于山区，由宝鸡出发后需要先后跨越秦岭、巴山和剑门山，需要打穿上百座大山，填平数以百计的深谷，工程相当艰巨。经过铁路设计者和建设者四年的艰苦

　　"一五"期间,以铁路为中心的交通运输业发展迅速。图为行驶在宝
成铁路上的列车正在通过大巴口桥。

1959 年，石油勘探队在东北松辽盆地陆相沉积岩中找到了工业性油流。经过三年艰苦卓绝的努力，建成大庆油田，使中国实现了石油自给。图为参加石油大会战的科技人员和职工向大庆地区挺进。

作业，1956年7月，宝成铁路建成通车，这是中国第一条电气化铁路，为中国铁路的现代化插上了翅膀。

"万里长江第一桥"——武汉长江大桥的建成通车，是"一五"期间交通运输领域另一件大事。长江自古被称为天堑，在被长江阻断的武昌、汉口之间，人们只能依靠木船和轮渡南来北往、运送物资。在武汉修建一座跨江大桥是几代中国人的梦想。早在清朝末年，张之洞就曾提出过"在长江中建一铁桥，由武汉接汉口"的设想。民国初期，"中国铁路之父"詹天佑曾牵头设计了最早的武汉长江大桥图纸。他设计的是铁桥，选址在蛇山与龟山之间。孙中山在描绘中国现代化蓝图的《实业计划》中也提到了关于在武汉修建长江大桥或隧道的选址问题。但是，在江宽水深、风起浪作的长江上建起一座大桥，难度是相当大的。工程难度大，加上民国政府财政困难，这些设想都没有变为现实。因此，长江两岸流传着这样一首民谣："黄河水，治不好；长江桥，修不了。"1949年9月，新中国成立前夕，李文骥、茅以升等一批桥梁专家提出了建造武汉长江大桥的建议。

"一五"计划时期，作为苏联援建中国的156项工程之一，武汉长江大桥的建设真正提上了日程。铁道部正式成立武汉大桥工程局，负责武汉长江大桥的筹备建设工作。苏联派出25位桥梁专家，对大桥的建设进行技术鉴定。此后，政务院通过了《关于修建武汉长江大桥的决议》，正式批准了武汉长江大桥的初步设计。1955年9月1日，武汉长江大桥正式动工建设。除了大桥本身以外，武汉长江大桥工程还包括汉水铁路桥等大量配套设施。来自全国各地的桥梁专家、工程技术人员和施工人员克服重重困难，经过两年多时间，武汉长江大桥成功建成通车。它全长1670.4米，上层是公路桥，路面宽18米，下层是双线铁路桥。武汉长江大桥就像一道彩虹飞架在长江天堑上，将京汉铁路和粤汉铁路连成一线。1957年10月15日，武汉长江大桥落成通车典礼隆重举行，当第一列火车欢快地鸣着笛通过桥梁时，长江上过往的船只响起了汽笛声，大桥上和大桥两岸的观礼群众一片欢腾。"一桥飞架南北，天堑变通途。"这是新中国成立后在长江上修建的第一座复线铁路、公路两用桥，显示了社会主义新中国的巨大力量。

工业化是现代化建设的重要部分，也是新中国追寻强国富民梦想的最初努力方向。通过"一五"计划，新生的共和国向先进工业国迈出了坚实的一步，社会主义工业化的基础由此奠定。

两弹一星，民族自信

20世纪五六十年代，面对严峻的国际形势和帝国主义的武力威胁尤其是核威胁，中共中央毅然作出"研制'两弹一星'、重点突破国防尖端技术"的战略决策。1956年，在周恩来等人的主持下，制定了《1956-1967年科学技术发展远景规划纲要》，将"原子能的和平利用"列为57项国家重要科学技术任务之一。国务院先后成立了研制导弹和原子弹的专门机构，一大批优秀科技工作者义无反顾地投身到这一伟大事业中。许多在国外已经取得杰出成就的科学家，放弃国外优厚的条件回到祖国，投身到"两弹一星"的研制中。钱学森就是他们中的代表之一。

新中国诞生的消息传到美国后，已经是知名空气动力学家的钱学森一心惦记着祖国的发展，想要早日回国为祖国效力。当他提出回国要求后，美国不愿失去这位优秀的科学家，进行了重重

1955 年，钱学森冲破重重阻力，从美国回到祖国。图为钱学森一家四口登上回国的轮船。

阻挠。美国海军次长丹尼·金布尔说："钱学森无论走到哪里，都抵得上五个师的兵力。"因此，当钱学森来到港口准备回国时，被美国官员拦住并关进了监狱，直到加州理工学院向移民局送去巨额保释金才被释放，但依然受到移民局的监禁。其间，钱学森摆脱监视，在寄给比利时亲戚的家书中趁机夹带了一封给全国人大常委会副委员长陈叔通的信，恳切请求中国共产党和政府帮助他回国。信件很快转送到了周恩来的手上。在中国政府的交涉下，美国移民当局最终不得不同意放行。1955年9月17日，被软禁五年的钱学森一家终于登上了回国的轮船。钱学森激动地说："我很高兴能回到自己的国家。今后我将竭尽努力，和中国人民一道建设自己的国家，使我的同胞能过上有尊严的幸福生活。"回到祖国的钱学森迅速投入火箭和导弹的研制工作中。他的回国，使中国的导弹、原子弹技术向前推进了至少20年，因而被人们称为"中国导弹之父"。

在研制导弹、原子弹初期，中国得到了苏联的大力援助。但是，随着中苏两党两国关系的恶化，苏联单方面撕毁了核技术援助协定，拒绝向中国提供原子弹教学模型和技术资料，下令撤走专家。不少人讥讽道："中国核工业已经遭到毁灭性打击。没有外界的帮助，中国20年也搞不出原子弹，就守着这堆废铜烂铁吧！"然而，苏联的背信弃义并没有使中国的原子弹研制就此停步，反而激起了人们的斗志，开始了自力更生、自主研制的新阶段。1959年7月，周恩来代表中共中央宣布：自己动手，从头摸起，准备用八年时间搞出原子弹。在中共中央的坚强领导下，来自全国各地的科学家、科研和工程技术人员、管理保障人员、工人和解放军指战员，共同努力、密切配合、协同攻关，以举国之力推动了"两弹一星"事业的发展。购买新型材料和精密仪器需

1964 年 10 月 16 日 15 时，中国第一颗原子弹爆炸成功。图为原子弹爆炸后升起的蘑菇状烟云。

要大量资金，中央毫不犹豫地决定动用黄金储备300万两。1959年12月18日，中国第一颗原子弹爆炸位置的标桩钉在了新疆罗布泊的一个戈壁滩上。之后，来自大江南北的科技工作者纷纷向西北大漠试验基地聚集。这是一项需要高度保密的任务，不少人瞒着家人来到这里。有一对夫妻接到命令后互相隐瞒着出发，来到通往罗布泊途中的一棵树下等车时，才发现两人都是为同一个任务而来。西北大漠的条件十分艰苦，"饥餐砂砾饭，渴饮苦水浆"是当地生活条件的真实写照。科研工作者们抱着坚定的信念，克服重重困难，终于完成了中国第一颗原子弹的研制。1964年10月16日下午3时整，巨大的蘑菇云在西北大漠上空升起，中国第一颗原子弹爆炸成功了。东方巨响，震惊世界。

原子弹研制成功后，毛泽东满怀期待地表示"氢弹也要快"。科学家们通宵达旦、集中攻关，孜孜不倦地探索着氢弹理论。其中的杰出代表就是"中国氢弹之父"于敏。他隐姓埋名28年，为氢弹的技术突破作出了卓越贡献。在原子核理论研究的巅峰时期，他毅然服从国家的需要，开始从事氢弹理论的探索研究工作。他率领科学工作者们发现了氢弹自持热核燃烧的关键，找到了突破氢弹难题的技术路径，形成了从原理、材料到构型的完整的氢弹物理设计方案。终于，在1967年6月17日清晨，沉寂的戈壁大漠上空升起了一颗神奇壮观的"太阳"，中国第一颗氢弹空爆试验成功了。从第一颗原子弹试验成功到第一颗氢弹试验成功，中国只用了两年零八个月，这一速度令世人瞩目，令世界震惊。

在研制原子弹的同时，中国也开始研制能够把原子弹打出去的运载工具——导弹。实际上，在原子弹爆炸之前，钱学森已经主持成功发射了常规导弹"东风二号"。但要发展为战略导弹，实现原子弹与导弹结合，并非易事。周恩来说：中国核爆炸成功后，有人嘲笑我们有弹无枪，我们要用导弹把原子弹打出去，用行动来回答舆论的挑战。钱学森继续挑起了这个重担。他带领研制团队废寝忘食，刻苦钻研，反复试验。1966年10月27日上午9时，伴随着指挥员"点火"的指令，乳白色的导弹像一条巨龙，载着核弹头向千里之外的预定目标飞去，精确命中目标。中国第一颗装有核弹头的地地导弹飞行爆炸成功了。"两弹"首次结合试验成功，标志着中国从此拥有了可以用于实战的导弹核武器。

在人造卫星方面，中国的航天事业起步较晚。毛泽东在1957年访问苏联时受到苏联卫星升空的触动，也开始琢磨中国的"飞天梦"。第二年，在党的八大二次会议上，毛泽东对在场的代表说："近一段时间来，人造卫星问题一直是大家都很关心的问题，我的心情当然也和大家一样。苏联在去年就把卫星抛上了天，美国在几个月前也把卫星抛上了天。那么，我们怎么办？我们，我们也要搞人造卫星！"两年后，中国第一枚自己设计研制的液体火箭，竖立在位于上海南汇县老港镇高20米的发射架上。尽管这枚火箭的飞行高度仅为8千米，但还是令人们感到振奋。卫星研制过程经历了常人难以想象的艰巨和曲折，三年自然灾害造成国家经济困难，这项工作不得不暂时搁置。1965年1月，周恩来批准了科学院提出的研制卫星的具体方案。中国第一颗卫星的外形被定为72面体的球形，名叫"东方红一号"。正当科技工作者们满怀信心地进行研制工作时，一场将中国引向混乱和歧途的"文化大革命"开始了。卫星研制受到了重创，不少参与研制工作的科学家被迫害致死。关键时刻，周恩来接见了钱学森、孙家栋等科学家。他说："政治挂帅是要把工作做好，而不能庸俗化。你们回去把道理给大家讲清楚，搞卫星一定要讲科学性。"在周恩来的坚定支持下，科学家们顶着压力，攻坚克难，终于完

1970 年 4 月 24 日，中国成功地发射了第一颗人造地球卫星。

成了"东方红一号"的研制。1970年4月24日，中国第一颗人造卫星"东方红一号"成功发射升空，在浩瀚无垠的太空播放了一曲嘹亮的《东方红》，向世界庄严宣告：中国人民胜利地掌握了人造卫星的空间技术。西方媒体惊呼："中国当之无愧地加入了空间俱乐部。"

"两弹一星"是新中国建设成就的重要象征，是中华民族的荣耀与骄傲，为巩固新生人民政权、确立中国大国地位、维护中华民族尊严提供了强大支撑。正如邓小平所说："如果六十年代以来中国没有原子弹、氢弹，没有发射卫星，中国就不能叫有重要影响的大国，就没有现在这样的国际地位。这些东西反映一个民族的能力，也是一个民族、一个国家兴旺发达的标志。"

描绘蓝图，摸索前进

新中国成立以来取得的建设成就令世人瞩目，中华民族向着现代化、向着国家富强的复兴梦前进了一大步。没有经验，也没有坚实的外援，中国靠着自己的力量，在追求强国富民的现代化梦想的道路上摸索前进。

最初，中国共产党人的现代化梦想是从追求实现社会主义工业化萌芽的。1945年抗战胜利前夕，毛泽东在党的七大上痛心地指出："在一个半殖民地的、半封建的、分裂的中国里，要想发展工业，建设国防，福利人民，求得国家的富强，多少年来多少人做过这种梦，但是一概幻灭了。"他进而指出，实现国家富强、民族复兴的前提是中华民族的独立统一。他说："消灭日本侵略者，实行土地改革，解放农民，发展现代工业，建立独立、自由、民主、统一和富强的新中国，只有这一切，才能使中国社会生产力获得解放，才是中国人民所欢迎的。"实现现代化，首先必须发展工业，是这次会议定下的基调。毛泽东强调，"没有工业，便没有巩固的国防，便没有人民的福利，便没有国家的富强"，"在新民主主义的政治条件获得之后，中国人民及其政府必须采取切实的步骤，在若干年内逐步地建立重工业和轻工业，使中国由农业国变为工业国"。这是中国共产党第一次明确提出把中国从一个农业国转变为一个工业国的奋斗目标。1949年3月，

1949 年 3 月 5 日至 13 日，中国共产党在西柏坡召开七届二中全会。毛泽东在报告中提出了中共的工作重心应逐步由乡村转移到城市，规定了夺取全国胜利的各项方针和胜利后中共在各方面的基本政策。图为七届二中全会现场。

1954 年 9 月 15 日至 28 日，中华人民共和国第一届全国人民代表大会第一次会议在北京隆重举行。图为代表们热烈祝贺毛泽东当选为中华人民共和国主席。

新中国成立前夕，中国共产党在西柏坡召开了中共七届二中全会。这次为新中国绘制蓝图的重要会议，将中国稳步地由农业国转变为工业国确定为革命在全国胜利后的两大任务之一。

新中国成立后，中国共产党在探索强国富民现代化道路上的一大进展是提出"四个现代化"的设想。1954年9月，第一届全国人民代表大会召开，毛泽东在致开幕词时宣布：准备在几个五年计划之内，将中国"建设成为一个工业化的具有高度现代文化程度的伟大的国家"。周恩来在这次会议上指出："如果我们不建设起强大的现代化的工业、现代化的农业、现代化的交通运输业和现代化的国防，我们就不能摆脱落后和贫困，我们的革命就不能达到目的。"现代化工业、现代化农业、现代化交通运输业、现代化国防，是对"四个现代化"的最初表述，这也是新中国领导人第一次提出"四个现代化"的概念。后来，交通运输业被归入工业，中国共产党将科学文化纳入了现代化范畴。1957年，毛泽东在《关于正确处理人民内部矛盾的问题》中提出要把中国建设成一个"具有现代工业、现代农业和现代科学文化的社会主义国家"。1959年年末至1960年年初，毛泽东在《读苏联〈政治经济学教科书〉的谈话》中指出，要重新加上国防现代化。他说："建设社会主义，原来要求是工业现代化，农业现代化，科学文化现代化，现在要加上国防现代化。"至此，"四个现代化"的内容被完整提出来。周恩来又将"科学文化现代化"修改为"科学技术现代化"，并强调科学技术现代化在"四个现代化"中的重要性。1963年1月，周恩来在上海科学技术工作会议上的讲话中指出："我们要实现农业现代化、工业现代化、国防现代化、科学技术现代化，把我们祖国建设成为一个社会主义强国，关键在于实现科学技术现代化。"

"四个现代化"宣传海报。

　　而"四个现代化"正式确定为国家发展的总体战略目标，是在1964年年底到1965年年初召开的第三届全国人民代表大会第一次会议上。周恩来在政府工作报告中郑重地向全国人民宣布了要在一个不太长的时间内实现"四个现代化"的奋斗目标。他指

1964 年 12 月，第三届全国人民代表大会第一次会议召开。本次会议上提出实现"四个现代化"的奋斗目标。图为周恩来在会上作政府工作报告。

出：我们今后发展国民经济的主要任务，"就是要在不太长的历史时期内，把我国建设成为一个具有现代农业、现代工业、现代国防和现代科学技术的社会主义强国，赶上和超过世界先进水平"。在此基础上，提出了"两步走"的战略部署，即在20世纪内分两步实现"四个现代化"，第一步，建立一个独立的比较完整的工业体系和国民经济体系；第二步，全面实现农业、工业、国防和科学技术的现代化，使我国经济走在世界前列。"四个现代化"宏伟目标和"两步走"战略部署的提出，全面勾勒了社会主义现代化的蓝图，激励着全国人民为了这个目标共同奋斗。

当全国人民振奋精神准备为实现"四个现代化"努力奋斗时，"文化大革命"发生了，彻底打断了这一进程。1975年1月，已经重病在身的周恩来受中共中央委托在第四届全国人民代表大会第一次会议上作政府工作报告。5000字的报告，他已经没有力气读完，他对现场的代表们说，我只念头尾两段。但是，当讲到经济发展战略目标时，他站起来沉稳有力地念道："在本世纪内，全面实现农业、工业、国防和科学技术的现代化，使我国国民经济走在世界的前列。"时隔十年后再次听到"四个现代化"的宏伟目标，代表们热泪盈眶，会场响起了长时间雷鸣般的掌声。在那个艰难的岁月里，重提这个宏伟目标，仿佛暗夜里的一点星光，给人们带来希望与鼓舞。

经过十年的磨难和挫折，人们终于等来了胜利粉碎"四人帮"的消息，"文化大革命"这场灾难终于结束了。举国欢腾，人心大快。1978年年末，中国迎来了伟大的历史转折，改革开放的春风吹遍大江南北，中国人世世代代追寻的国强民富、民族复兴的梦想变得越来越清晰，激励着各族人民加快脚步，逐梦前行。

第四章

历尽天华成此景：为什么说改革开放为中国带来了富强梦？

历史转折，春风吹来

"文化大革命"使中国这艘大船严重偏离了强国富民的现代化航向，驶向黑暗的深渊。经济濒临崩溃的边缘，人民温饱都成问题，国家建设百业待兴。好在中国共产党和中国人民及时扭转了船舵，止住了错误的走向。

粉碎"四人帮"后，人们期待着纠正"文化大革命"的错误，期待着国家的各项工作重回正轨。但肃清"左"的错误需要时间，也需要彻底的勇气。在"文化大革命"结束后的两年里，"左"倾指导思想尚未得到完全纠正，中国出现了在徘徊中前进的局面。

1977年2月7日，一篇题为《学好文件抓住纲》的社论出现在《人民日报》《解放军报》《红旗》杂志上。这篇社论提出："凡是毛主席作出的决策，我们都坚决维护，凡是毛主席的指示，我们都始终不渝地遵循。""两个凡是"的出台，对"拨乱反正"造成了严重的阻碍。人们开始思考，究竟应该用什么标准来判定历史是非？一场关于实事求是与"两个凡是"的争论轰轰烈烈地展开了。这场被称为真理标准问题大讨论的思想运动，在全中国引起了强烈反响。在这个关键时刻，邓小平对"两个凡是"进行了明确批评，号召"打破精神枷锁，给我们的思想来个大解放"。真理标准问题大讨论得到了及时而有力的支持，成为历史性转折会议——中共十一届三中全会的思想先导。

在党和国家面临何去何从选择的重大历史关头，中国共产党召开了一次使中国和中华民族从困顿中重新奋起的重要会议——中共十一届三中全会。在十一届三中全会召开之前，1978年11月10日至12月15日，中共中央召开了工作会议。这次会议本来的议题是讨论如何进一步贯彻执行以农业为基础的方针，商定1979年、1980年国民经济计划的安排。但会议没有按原定计划讨论经济问题，而是转向集中讨论重大历史遗留问题、真理标准问题、中央人事调整问题。这一转向开始于会议第三天陈云在东北组做的一篇发言。他提出，对揭批"四人帮"中遗留的影响大或涉及面广的问题，需要中央考虑和作出决定。该发言在简报上刊出后，在与会者中产生了强烈的反响。于是，会议的主题渐渐地发生了转变，会期也由原定的20多天延长到36天。

刚刚结束东南亚访问的邓小平，敏锐捕捉到会议的新动向，亲自执笔起草了闭幕会的发言稿。1978年12月13日，邓小平在闭幕会上作了题为《解放思想，实事求是，团结一致向前看》的讲话。他强调解放思想对现代化建设的重要性："只有思想解放了，我们才能正确地以马列主义、毛泽东思想为指导，解决过去遗留的问题，解决新出现的一系列问题，正确地改革同生产力迅速发展不相适应的生产关系和上层建筑，根据我国的实际情况，确定实现四个现代化的具体道路、方针、方法和措施。""不打破思想僵化，不大大解放干部和群众的思想，四个现代化就没有希望。"在此基础上，邓小平对正在进行的关于实践是检验真理

1977 年，在邓小平的推动下，在"文化大革命"中被废弃的高考制度得到恢复，全国高校重新通过统一考试招收新生。图为参加高考的考生正在认真答卷。

1978 年 12 月 18 日，中共十一届三中全会隆重开幕。图为会议现场。

的唯一标准问题的讨论表示了充分肯定。关于国内外关切的如何评价毛泽东的问题，邓小平提出，要完整地、准确地理解和掌握毛泽东思想的科学原理，并在新的历史条件下加以发展。邓小平还重申了改变国家落后面貌、建设现代化的社会主义强国的目标。他说："如果现在再不实行改革，我们的现代化事业和社会主义事业就会被葬送。"这振聋发聩的声音令人警醒，为民族复兴指明了方向。邓小平的讲话高屋建瓴地指出实现历史转折面临的一系列关键问题，是新时期中国共产党解放思想的宣言书，实际上成为随后召开的中共十一届三中全会的主题报告。

1978年12月18日，在中华民族历史上，在中国共产党历史上，在中华人民共和国历史上，都是一个重要日子。这一天，在京西宾馆第一会议室，中共十一届三中全会隆重开幕，给寒冷的冬天带来了融融春意。这次为期5天的会议，冲破长期"左"的错误的严重束缚，作出把全党工作重点和全国人民注意力转移到社会主义现代化建设上来的决定。这是一个划时代的转变，"以阶级斗争为纲"的日子宣告彻底结束了，人们昂首阔步地投入到热火朝天的经济建设中。

全会重申了实现农业、工业、国防和科学技术现代化的任务，要求"全党、全军和全国各族人民同心同德，进一步发展安定团结的政治局面，并且立即动员起来，鼓足干劲，群策群力，为在本世纪内把我国建设成为社会主义的现代化强国而进行新的长征"。那么，如何实现"四个现代化"呢？方法只有一个：改革。全会指出，"实现四个现代化，要求大幅度地提高生产力，也就必然要求多方面地改变同生产力发展不适应的生产关系和上层建筑，改变一切不适应的管理方式、活动方式和思想方式，因而是一场广泛、深刻的革命"。展望未来，全会充满自信地指出，中国的经济建设必将重新高速度地、稳定地向前发展。为了解决国民经济中存在的重大比例失调状况，生产、建设、流通、分配中的混乱现象和城乡人民生活中多年积累下来的一系列问题，会议指出要针对经济管理体制中权力过于集中的问题进行改革。

当时，中国共产党面临的一个重要问题是让人民吃饱饭，加快农业发展是重中之重。对此，全会提出，要集中主要精力把农业尽快搞上去。必须通过经济上充分关心农民的物质利益、政治上切实保障农民的民主权利，调动他们的积极性，从而大力恢复和加快发展农业生产，坚决地、完整地执行农林牧副渔并举和"以粮为纲，全面发展，因地制宜，适当集中"的方针，逐步实现农业现代化，继而实现整个国民经济的迅速发展和全国人民生活水平的不断提高。

对于"文化大革命"中发生的一些重大政治事件和"文化大革命"前遗留下来的某些历史问题，全会进行了认真讨论和定性，从而进行了一场彻底的"拨乱反正"。在此基础上，全会讨论了民主和法制问题，要求真正实行民主集中制，"当前这个时期特别需要强调民主"。全会提出，为了保障人民民主，必须加强社会主义法制，应当把立法工作摆到重要议程上来。根据党的历史经验教训，全会决定健全党的民主集中制，健全党规，严肃党纪。

解放思想、实事求是，是中共十一届三中全会的重要基调。会议高度评价了关于实践是检验真理的唯一标准问题的讨论，认为这对于促进全党同志和全国人民解放思想，端正思想路线，具有深远的历史意义。在坚持实事求是解决历史遗留问题的同时，会议对毛泽东的评价问题作出说明，提出要历史地、科学地认识毛泽东的伟大功绩，完整地、准确地掌握毛泽东思想的科学体系，把马列主义、毛泽东思想的普遍原理同社会主义现代化建设的具体实践结合起来，并在新的历史条件下加以发展。

在人事方面，增选陈云为中央政治局委员、政治局常务委员、中央委员会副主席；增选邓颖超、胡耀邦、王震为中央政治局委员。考虑到党的十一大以来党的生活实际变化和当前党的工作的迫切需要，会议决定采取临时措施，增补黄克诚、宋任穷、

1978 年 3 月，邓小平在全国科学大会上阐述了"科学技术是生产力"的重要观点。图为全国科学大会会场。

胡乔木、习仲勋、王任重、黄火青、陈再道、韩光、周惠为中央委员，将来提请党的十二大对这一增补手续予以追认。为保障党的政治路线的贯彻执行，会议恢复成立并选举产生了以陈云为第一书记的由100人组成的中央纪律检查委员会。这些人事安排，从组织上加强了中央领导机构，保证了全会确定的各项路线方针政策的贯彻执行。邓小平事实上成为中共领导集体的核心，以邓小平同志为核心的中共第二代中央领导集体由此形成。

中共十一届三中全会，宣示了中国共产党人破除藩篱、奋发图强的决心和信心，揭开了改革开放的序幕，实现了新中国成立以来的重大历史转折，开启了改革开放和社会主义现代化的新征程。这是中华民族复兴梦想的新起点，追求现代化成为复兴之梦的现实目标。从此，中国走上了改革发展的快车道，在圆梦的道路上实现一个又一个飞跃。

顶层谋划，与时俱进

邓小平被美国《时代》周刊称为"一个崭新时代的梦想者"。这位中国改革开放的总设计师，对如何实现中国人梦寐以求的现代化梦想进行了深刻思考和深远谋划。邓小平始终强调现代化建设的重要性，他明确指出："我们党在现阶段的政治路线，概括地说，就是一心一意地搞四个现代化。这件事情，任何时候都不要受干扰，必须坚定不移地、一心一意地干下去。"新的情况下，现代化的内涵是什么，应该如何设计现代化的时间表，是需要重新确定的问题。

改革开放之初，中国依然把"在20世纪末赶上和超过世界最发达的资本主义国家，实现四个现代化"作为奋斗目标，这也导致了大上项目、大搞引进的"洋冒进"现象。1978年1月至1979年2月，邓小平相继访问了缅甸、尼泊尔、朝鲜、日本、泰国、马来西亚、新加坡和美国，尤其是日本和美国的高度现代化令他深受触动。在访问日本时，邓小平坐在疾驰的新干线列车上，对记者说着他的感受："就感觉到快，有催人跑的意思，我们现在正适合坐这样的车。"他亲身体验到了日本发展的迅速，坚定了在中国开展现代化建设的决心，同时也意识到中国与日本之间的差距。他说："长得很丑却要打扮得像美人一样，那是不行的。我们必须承认我们的落后，老老实实承认落后就有希望，要向日本学习。"在美国访问时，邓小平表示，看到了一些很新颖的东西，中国在许多方面要向创造先进工业文明的美国人请教。这一系列出访，让邓小平认识到中国的经济技术水平比发达国家还落后一大截，20世纪末赶上和超过他们的目标是不切实际的。那么，如何实事求是地确定中国现代化的目标呢？邓小平给出的答案是"中国式的现代化"。

1979年3月，在会见英中文化协会执行委员会代表团时，邓小平不仅提出"中国式的四个现代化"的目标，而且实事求是地承认了中国在经济技术方面的落后。他说："我们定的目标是在本世纪末实现四个现代化。我们的概念与西方不同，我姑且用个新说法，叫做中国式的四个现代化。现在我们的技术水平还是你们50年代的水平。如果本世纪末能达到你们70年代的水平，那就很了不起。就是达到这个水平，也还要做许多努力。由于缺乏经验，实现四个现代化可能比想像的还要困难些。"中国式的四个现代化，究竟是怎样的现代化呢？

1979年12月，邓小平会见日本首相大平正芳。谈话一开始，

1978 年 10 月，邓小平访问日本。图为邓小平访日时乘坐新干线列车。

1982 年，党的十二大召开。邓小平在会上开创性地提出了"建设有中国特色的社会主义"这一崭新命题。图为邓小平在党的十二大上致开幕词。

大平正芳就向邓小平提出了两个问题："中国根据自己独自的立场提出了宏伟的现代化规划，要把中国建设成伟大的社会主义国家。中国将来会是什么样？整个现代化的蓝图是如何构思的？"邓小平略加思考，回答道："我们要实现的四个现代化，是中国式的四个现代化。我们的四个现代化的概念，不是像你们那样的现代化的概念，而是'小康之家'。到本世纪末，中国的四个现代化即使达到了某种目标，我们的国民生产总值人均水平也还是很低的。要达到第三世界中比较富裕一点的国家的水平，比如国民生产总值人均一千美元，也还得付出很大的努力。就算达到那样的水平，同西方来比，也还是落后的。所以，我只能说，中国到那时也还是一个小康的状态。"这是邓小平第一次提出"小康"。在他描绘的中国现代化蓝图中，目标就是实现"小康"。什么是小康呢？邓小平最初设想的是1000美元。要知道，1980年前后中国的人均国民生产总值只有250美元左右，在20年的时间里翻两番，在当时可以说是"雄心壮志"了。"小康"这个朗朗上口又具有亲和力的词语，很快成为街头巷尾老百姓口口相传的热词，不少地方的宣传墙都印上了"奔小康"的鲜明标语，中国共产党和中国人民有了明确的新奔头。

1982年的党的十二大，在谋划现代化梦想上起到了里程碑式的作用。在这次会议上，邓小平提出"走自己的道路，建设有中国特色的社会主义"，中国特色社会主义道路由此开辟，这是实现中华民族伟大复兴梦想的必由之路。这次会议在沿用工业、农业、国防和科学技术现代化提法的同时，提出"把我国建设成为高度文明、高度民主的社会主义国家"。特别是明确了经济现代化的目标，那就是：从1981年到20世纪末，在不断提高经济效益的前提下，力争使全国工农业的年总产值翻两番，使人民的物质文化生活达到小康水平。这是一个展望未来20年发展前景的目标，这20年究竟该怎样规划呢？会议提出了"两步走"的战略部署：前10年主要是打好基础，积蓄力量，创造条件；后10年要进入一个新的经济振兴时期。这次会议之后，中国式的现代化有了明晰的道路、目标和时间表。从此，实现中国梦想有了"中国道路"，中国人民不再彷徨迷茫，沿着这条道路大踏步地坚定前行。

到这时为止，中国共产党谋划的都是到20世纪末的现代化目标，而离20世纪末也只有二十年时间。那么，实现这一步目标之后的中国该怎样继续发展呢？其实，邓小平很早就在思考这个问题。在提出小康目标一年后，邓小平在1980年年末的中央经济工作会议上说："经过20年的时间，使我国现代化经济建设的发展达到小康水平，然后继续前进，逐步达到更高程度的现代化。"这时，邓小平用"更高程度的现代化"来表述他对21世纪的初步设想。经过一段时间的酝酿，邓小平对跨世纪战略的思考日渐成熟。1981年9月，邓小平在会见日本公明党访华代表团时说："本世纪末也只能搞一个小康社会，要达到西方比较发达国家的水平，至少还要再加上三十到五十年的时间，恐怕要到21世纪末。"1984年10月，在会见参加中外经济合作问题讨论会的中外代表时，邓小平用了新的"两步走"的表述。他说："我们第一步是实现翻两番，需要二十年，还有第二步，需要三十年到五十年，恐怕是要五十年，接近发达国家的水平。"到了1987年4月，邓小平在会见西班牙政府副首相格拉时，第一次完整地提出了"三步走"的发展战略。第一步，到20世纪80年代末翻一番，国民生产总值人均达到五百美元；第二步，到20世纪末再翻一番，国民生产总值人均达到一千美元，进入小康社会，把贫穷的中国变成小康的中国；第三步，在21世纪用三十年到五十年时间再翻两番，国民生产总值人均达到四千美元。邓小平说，实现第二步目标，"意味着我们进入小康社会，把贫穷的中国变成小康的中国"，而实现了第三步，"中国就达到中等发达国家水平"。1987年8月，在会见意大利共产党领导人约蒂和赞盖里时，邓小平再次提到了这一"雄心壮志"。他说："我国经济发展分三步走，本世纪走两步，达到温饱和小康，下个世纪用三十年到五十年时间再走一步，达到中等发达国家的水平。"

邓小平这一由温饱到小康再到中等发达国家水平的设想，在两个月后的党的十三大上正式确定为"三步走"发展战略。党的十三大报告是这样表述的："党的十一届三中全会以后，我国经济建设的战略部署大体分三步走。第一步，实现国民生产总值比1980年翻一番，解决人民的温饱问题。这个任务已经基本实现。第二步，到本世纪末，使国民生产总值再增长一倍，人民生活达到小康水平。第三步，到下个世纪中叶，人均国民生产总值达到中等发达国家水平，人民生活比较富裕，基本实现现代化。"这个表述有两点需要注意：一个是明确提出"三步走"第一步的任务已经基本实现；另一个是首次出现"基本实现现代化"的概念，并提出了具体标准，内涵比"四个现代化"更为丰富。这次会议还有一项重要的理论贡献，就是确立了社会主义初级阶段的基本路线，在表述这一基本路线时提出"把我国建设成为富强、民主、文明的社会主义现代化国家"。这就将社会主义现代化的奋斗目标从经济建设、政治建设进一步拓展到文化建设，形成了"三位一体"的现代化战略布局。

历史的车轮滚滚向前，到了20世纪90年代中期，原定的"三步走"战略第二步总体小康的目标基本提前实现了。中国需要对第三步目标进行更为详细明晰的规划。以江泽民同志为核心的中

1997 年 9 月，党的十五大在北京召开，大会作出了中国跨世纪发展的战略部署。图为大会会场。

共第三代中央领导集体，在深刻分析世纪之交中国面临的国内外形势的基础上，深化了对现代化发展战略的认识。1995年中共十四届五中全会，在对接下来五年进行规划的同时，也展望了到2010年的远景目标，提出："今后15年是承前启后、继往开来的重要时期。我们将在这一时期内建立起比较完善的社会主义市场经济体制，全面实现第二步战略目标，并向第三步战略目标迈出重大步伐，为下世纪中叶基本实现现代化奠定坚实基础。"1997年9月召开的党的十五大对21世纪的现代化建设正式确定了新的"三步走"战略，那就是：到21世纪的第一个10年，实现国民生产总值比2000年翻一番，使人民的小康生活更加富裕，形成比较完善的社会主义市场经济体制；再经过10年的努力，到建党100周年时，使国民经济更加发展，各项制度更加完善；到21世纪中叶新中国成立100周年时，基本实现现代化，建成富强、民主、文明的社会主义国家。这一新的"三步走"战略，包含着"两个一百年"的战略构想，体现了中国共产党跨世纪的战略眼光。

进入21世纪，中国成功实现了"三步走"发展战略的前两步目标，人民生活总体上达到小康水平，实现了从温饱到小康的历史性跨越，中国进入全面建设小康社会、加快推进社会主义现代化的新阶段。2002年党的十六大对新"三步走"战略的前两步提出了更加明确的要求，即在本世纪头20年，集中力量，全面建设惠及十几亿人口的更高水平的小康社会。更高水平的小康社会是怎样的景象呢？那就是经济更加发展、民主更加健全、科教更加进步、文化更加繁荣、社会更加和谐、人民生活更加殷实。"社会更加和谐"被明确列为中国共产党的一个重要奋斗目标。党的十六大将全面建设更高水平的小康社会作为基本实现现代化的一个重要的阶段性目标和步骤。在此基础上，以胡锦涛同志为代表的中共第四代中央领导集体，对现代化的内涵和战略发展目标作出了进一步拓展和重大提升。2005年，胡锦涛在省部级领导干部专题研讨班上讲话，首次明确提出经济建设、政治建设、文化建设、社会建设"四位一体"的中国特色社会主义总体布局。2007年党的十七大，又把此前提出的"建设富强、民主、文明的社会主义现代化国家"奋斗目标修改为"建设富强、民主、文明、和谐的社会主义现代化国家"，现代化的内涵由此更加丰富。

在中国共产党的顶层谋划下，中国人民在崭新的道路上开始了圆梦之旅，乘着改革开放的春风创造了一个又一个发展奇迹。中国这个屹立在世界东方的大国，在经历了一个世纪的沉睡之后终于恢复了往日的荣耀，焕发出新的生机，中华民族迎来了伟大复兴的光明前景。

改革开放，中华崛起

粮食是头等大事，饿着肚子是没办法搞建设的。改革开放前，物质缺乏，粮食都是定量供应。而到了"1980年不见亏粮了，1981年饭桌上是大米白面了，1982年更有酒肉了"（引自刘绍棠散文《榆钱饭》）。此后的几十年，老百姓的餐桌上更是丰富多样，"一袋米难倒英雄汉"的苦日子一去不复返了。这一切变化都源于中国的改革。

中国的改革最初是从安徽一个穷苦的村庄开始的。从1958年开始，中国农村实行了人民公社体制，农民只能在生产队"吃大锅饭"。1978年冬天，领导层在北京谋划着吹响改革开放的号角。与此同时，在安徽凤阳小岗生产队一座破旧的土屋里，18户农民在一张皱巴巴的草纸上，悄悄地共同摁下了鲜红的手印，实行"分田到户"和"大包干"。农民们贴着身家性命干的这件事，变成中国改革的一声惊雷。在实行"大包干"（正式称呼是"家庭联产承包责任制"）的第二年，年年"吃粮靠返销，花钱靠救济，生产靠贷款"的小岗村，第一次向国家交了公粮。尽管面临争议和质疑，粮食的丰收说明了一切，也让农民们的行动得到了上层领导的支持。1982年1月1日，中共中央出台了第一个农村工作"一号文件"，提出：包产到户、包干到户，都是社会主义集体经济的生产责任制。从这一年到1986年，中共中央连续发布了5个有关农村工作的"一号文件"，一步步将农村改革推向全国，引向深入。家庭联产承包责任制成为中国农村的一项基本制度，在短短几年时间里改变了中国农村的面貌。农村改革如一声惊雷，拉开了中国改革的大幕。农业的发展，生产效率的提高，导致农村出现了一些富余劳动力，这就催生了另一项对中国改革开放产生深远意义的新事物——乡镇企业。乡镇企业的发展，促进了经济发展和农民增收，对逐步实现农村城镇化发挥了不可替代的重要作用。

改革使得农民迸发出极大的生产热情，农村呈现出欣欣向荣的丰收景象。然而随着时代的发展，到了20世纪90年代中期，农业又面临着新的问题，包括农产品供给相对过剩、市场粮价下降、农民收入徘徊不前等。在这个时候，中共中央想出的办法是农业产业化经营，通过优化农作物品种、发展畜牧水产业等措施，提高农产品质量，优化农业产业机构，推进农业向商品化、专业化、现代化转变。同时，中国政府从1994年开始实施《国家八七扶贫攻坚计划》，加大扶贫资金投入，力争到2000年解决农民的温饱问题。到了新世纪，中国共产党提出建设社会主义新农村。越来越多窗明几净、楼房林立的新农村出现在中国大地上。

实行联产承包责任制，是中国农民的伟大创造，极大调动了农民的生产积极性。图为 1984 年国庆游行时，拖拉机载着"联产承包好"的牌子通过天安门广场。

还有一件事令农民欢欣鼓舞，那就是2006年农业税的全面取消。告别了绵延2600多年的"皇粮国税"，无数农民激动不已。河北省灵寿县青廉村农民王三妮自掏腰包铸成"告别田赋鼎"，用特殊的方式表达对取消农业税的喜悦心情，让子孙后代永远铭记这一历史性举措。30多年的改革开放，让农民切切实实感受到了更多的幸福感，农民的日子越来越红火。

改革的春风也让城市经济体制发生了翻天覆地的变化。当农村掀起波澜壮阔的改革大潮时，城市也开始了改革试点。城市的情况远比农村复杂，要改革计划经济管理体制，要扩大企业自主权，要允许多种经济成分发展，这些都面临着很大的难度和阻力。城市的改革从扩大企业自主权试点开始，在传统的计划经济体制上打开一个缺口。企业主们在得到自主计划权、产品销售权和资金使用权之后，不仅有了更高的生产热情，也渐渐萌生出市场意识。1979年6月25日，《人民日报》刊出了四川省宁江机床厂的广告，这则短短的不到50字的广告，是新中国成立以来全国第一个生产资料广告，不仅开启了宁江机床厂的企业市场化道路，也叩开了中国生产资料商品化的大门。

计划经济体制下的中国，实行单一的公有制，而对经济发展有着重要作用的民营经济、个体经济都被扼杀了。新的时期，开展经济建设需要发展多种经济成分。中共十一届三中全会刚结束，邓小平就在考虑团结更多的人、调动更高的积极性为实现经济建设目标而奋斗，尤其是一直"靠边站"的工商业者。1979年1月17日，邓小平在人民大会堂福建厅宴请5位赫赫有名的工商业者——胡厥文、胡子昂、荣毅仁、古耕虞和周叔弢，他们一起吃了一顿热气腾腾的火锅。在饭前谈话中，邓小平明确提出："要落实对原工商业者的政策，这也包括他们的子女后辈。他们早已不拿定息了，只要

2006 年 1 月 1 日起，中国停止征收农业税，这一延续了 2000 多年的税种宣告终结。图为河南南阳农户领取农业补贴款。

中国农村居民人均可支配收入从 1978 年的 134 元增长到 2022 年的 20133 元，生活水平显著提高。图为江西省南昌市青山湖区湖坊镇的进顺小康家园，一座座花园式楼房错落有致。进顺村从"菜农村"变身为"幸福村"。（2022 年 11 月 23 日无人机照片，中新社记者刘占昆摄）

没有继续剥削，资本家的帽子为什么不摘掉？落实政策以后，工商界还有钱，有的人可以搞一两个工厂，也可以投资到旅游业赚取外汇，手里的钱闲起来不好。你们可以有选择地搞。总之，钱要用起来，人要用起来。"这一顿非同寻常的火锅，改变了中国民营经济的命运。越来越多的工商业者和民营企业家投入到经济建设的大潮中，为现代化建设作出了突出贡献。

长期处于计划经济体制下的中国，当商品经济的大潮袭来时，如一颗石子投入沉寂的湖面，引起阵阵波澜。新事物的出现总是会伴随着一些争议。安徽芜湖有个经营瓜子生意的个体户年广久，他自称"傻子"，炒的瓜子香脆可口，"傻子瓜子"变得家喻户晓。他的生意越做越大，后来工厂里雇了100多名工人，远远超过了当时个体户雇工8人以下的限制。一些人纷纷责难，建议取缔"傻子瓜子"。在这个关键时候，邓小平发声了，他说："如果你一动，群众就说政策变了，人心就不安了。你解决了一个'傻子瓜子'，会牵动人心不安，没有益处。让'傻子瓜子'经营一段，怕什么？伤害了社会主义吗？"这一表态打消了人们对个体经济发展的各种顾虑，有力地促进了多种经济成分的迅速发展。

经济的发展，思想的解放，特别是邓小平的一锤定音，使得姓"资"姓"社"不再成为困扰人们的问题。20世纪80年代末90年代初，社会主义在世界范围内的实践陷入低潮，我国社会主义事业发展面临巨大的困难和压力。有人对社会主义前途缺乏信心，也有人对改革开放产生怀疑，提出姓"社"还是姓"资"的疑问。在这个紧要关头，1992年初，88岁高龄的邓小平先后到武昌、深圳、珠海、上海等地视察，一路走，一路看，发表了一系列重要谈话。"改革开放胆子要大一些，敢于试验，不能像小脚女人一样。看准了的，就大胆地试，大胆地闯。""要害是姓'资'还是姓'社'的问题。判断的标准，应该主要看是否有利于发展社会主义社会的生产力，是否有利于增强社会主义国家的综合国力，是否有利于提高人民的生活水平。""计划多一点还是市场多一点，不是社会主义与资本主义的本质区别。计划经济不等于社会主义，资本主义也有计划；市场经济不等于资本主义，社会主义也有市场，计划和市场都是经济手段。社会主义的本质，是解放生产力，发展生产力，消灭剥削，消除两极分化，最终达到共同富裕。"这些振聋发聩的观点，都是在这次视察中提出来的。邓小平南方谈话从理论上深刻回答了长期困扰和束缚人们思想的许多重大问题，犹如一股强劲的东风，驱散了人们思想上的迷雾。人们渐渐正确认识了计划与市场的关系，社会主义市场经济体制的建立呼之欲出。1992年10月，党的十四大明确经济体制改革的目标是建立社会主义市场经济体制。第二年召开的中共十四届三中全会审议通过了《中共中央关于建立社会主义市场经济体制若干问题的决定》，勾画了社会主义市场经济体制的基本框架。把社会主义制度与市场经济结合起来，是前无古人的伟大创举。"不管是白猫黑猫，只要抓住老鼠，就是好猫。"随着社会主义市场经济体制的确立，全国呈现出改革开放全面推进、经济建设迅猛发展的蓬勃景象，创造了举世瞩目的经济奇迹。

改革开放使中国经济走上了发展的"快车道"，实现了持续的高速增长，经济实力和综合国力显著增强。中国不再是一个积贫积弱的经济弱国，而是如一轮红日冉冉升起在世界的东方。1978年，中国的国内生产总值只有3650亿元，仅占世界份额的1.7%。到2022年，中国国内生产总值达到121.02万多亿元，占到世界份额的18%。40多年间，国内生产总值增长了331.56倍。这

1980 年至 1986 年间，北京市科技人员在海淀区中关村相继创办了各类民营科技企业，形成中外闻名的 "中关村电子一条街"，1988 年中关村被国家批准为 "新技术产业开发试验区"。图为 "中关村电子一条街"。

20 世纪 90 年代的上海浦东新区远眺。

是令世界震惊的中国速度，这是改革开放的巨大力量。其中，值得一提的是，2010年，中国经济总量超过日本，成为仅次于美国的世界第二大经济体。世世代代中国人梦寐以求的富强梦正在实现，从前受欺凌和压迫的中国人，现在可以昂首阔步地走在世界各个国家的街道上。而中国的老百姓也在这场改革中得到了实实在在的好处，迎来了总体小康。回首1933年，当时中国正处于内忧外患的黑暗年代，上海《东方杂志》发起了一场征集新年梦想的活动。有人的梦想是"人人能有机会坐在抽水马桶上大便"，有人的梦想是"土匪绝迹，外患消除，四民安居乐业，世界共享太平"，还有人梦想着探索星球……这些当时看起来不可能实现的"白日梦"，在几十年后都变成了现实。改革开放后的中国，吃不饱、穿不暖已经成为久远的记忆，"楼上楼下、电灯电话"也不再是难以企及的神话，中国人民富起来了。

改革促进了中国经济的发展，对外开放则加速了中国的崛起。"1979年，那是一个春天，有一位老人在中国的南海边画了一个圈，神话般地崛起座座城，奇迹般聚起座座金山。"这首家喻户晓的歌曲《春天的故事》，唱的"老人"就是邓小平，"南海边"的"圈"里则是中国最早的经济特区深圳、珠海、厦门、汕头。在邓小平的支持下，创业者们杀出一条血路，创办起经济特区，成为中国对外开放的窗口。特区发展的强劲势头，坚定了中国进一步扩大开放的决心。1984年，中共中央决定开放大连、秦皇岛、天津、烟台、青岛、连云港、南通、上海、宁波、温州、福州、广州、湛江、北海等14个沿海港口城市。这是继经济特区之后的新的开放模式，由此，对外开放呈现出由点到面的崭新局面。邓小平多次表示，1984年他主要办了两件事，一件是开

在历经 15 年的艰苦谈判后，2001 年 11 月 10 日，世界贸易组织第四届部长级会议在卡塔尔首都多哈审议并通过了中国加入世贸组织的决定，中国对外开放从此进入一个新阶段。图为上海金茂大厦外墙上出现的"中国入世"灯光字体。

2008 年 8 月 8 日晚，举世瞩目的第二十九届奥林匹克运动会开幕式在国家体育场（鸟巢）隆重举行。图为北京奥运会主火炬在国家体育场熊熊燃烧。

放14个沿海城市，另一件是提出用"一国两制"的办法解决台湾和港澳问题。在沿海开放城市的基础上，中共中央又决定开辟长江三角洲、珠江三角洲和闽南厦漳泉三角地区，作为发展对外贸易的基地和扩展对外经济联系的窗口，由此在中国沿海形成了一个涵盖约1.5亿人口的对外开放前沿地带。

到了20世纪90年代，尽管面临复杂严峻的国际环境，中国依然坚持对外开放的基本国策。这一时期，一批经济技术开发区和保税区先后涌现，上海浦东的开发开放正式起步，一批沿江、沿边及内陆城市先后开放，从沿海到沿江、从沿边到内陆的多层次的对外开放新格局逐步形成。到了21世纪初，中国成功加入世界贸易组织，这是中国对外开放进程中的一件大事。从1986年中国提出恢复关贸总协定缔约国地位的申请，到2001年11月11日中国代表团在中国加入世界贸易组织议定书上正式签字，15年的艰难谈判，几代人为之奋斗，有的业已作古，有的两鬓染霜。经过漫长的奋争与期待，中国终于昂首跨入了世贸组织的大门，积极地融入全球体系，在世界经济中拥有了更多话语权，开始与世界各国共筑和平之梦、共赢之梦。

中国的大门向世界敞开，"东方睡狮"觉醒后向世人展现出自信而开放的姿态。1908年，《天津青年》杂志曾经提出了三个问题：中国何时能派一名运动员参加奥运会？中国何时能派一支代表队参加奥运会？中国何时能自己举办一届奥运会？这振聋发聩的呐喊在100年后终于得到了响亮的回应。2008年的夏天，来自全世界的不同肤色、不同民族的人们齐聚北京，共赴一场华丽的盛会，《北京欢迎你》的旋律在大街小巷回响着。而7年前的那个晚上，当国际奥委会主席萨马兰奇宣布第二十九届奥运会举办城市为"北京"时，北京沸腾了、中国沸腾了、华夏儿女沸腾了。

1997 年 7 月 1 日，香港回归，中华人民共和国香港特别行政区成立。

世界选择了北京，选择了中国，多年的期盼化作喜悦的泪水和成功的狂欢，中国肩负起了实现民族百年梦想和向世界奉献一届高水平奥运会的双重承诺，中华儿女共同发出了庄重的诺言："世界给我十六天，我给世界五千年。"经过7年精心的筹备，中国向世界奉献了一届精彩绝伦的绿色奥运、科技奥运、人文奥运。萨马兰奇赞叹道："北京奥运会是所有奥运会中最好的一届奥运会。""同一个世界，同一个梦想"，表达着开放的中国进一步融入世界文明潮流的热切愿望。北京奥运会的举办，代表着中华民族的光荣与梦想，彰显着中国人民的磅礴力量。它在中国现代化的发展道路上，在中华民族走向复兴的历程中，矗立起一座崭新的界标。

改革开放，让中国人离富强梦越来越近。而在民族崛起的征程中，还有一件彪炳史册的大事，那就是香港、澳门回归祖国。香港、澳门，自古以来就是中国的领土。香港在近代被英国殖民者攫取，澳门从16世纪起被葡萄牙逐步占领。收复香港、澳门是中国人民的百年夙愿。然而，曾经国力弱小的中国只能默默承受领土被强占的屈辱。100多年后，日渐崛起的中国终于将这一屈辱彻底洗雪。有一位老人，为香港、澳门的回归作出了伟大的功勋，那就是邓小平。在领土问题上，邓小平的态度是明确而坚决的。他在会见英国首相撒切尔夫人时说道：如果中国在1997年，也就是中华人民共和国成立48年后还不把香港收回，任何一个中国领导人和政府都不能向中国人民交代，甚至也不能向世界人民交代。如果不收回，就意味着中国政府是晚清政府，中国领导人是李鸿章！主权问题不是一个可以讨论的问题，中国在这个问题上没有回旋余地！邓小平对主权问题的坚定态度和"一国两制"伟大构想的提出，推进了香港、澳门回归问题的谈判。1984年12

月，在经过22轮艰苦谈判后，中英两国签署了关于香港问题的联合声明，宣布中国政府将在1997年7月1日对香港恢复行使主权。1987年4月，中葡两国签署关于澳门问题的联合声明，宣布中国政府将在1999年12月20日对澳门恢复行使主权。

1997年6月30日午夜至7月1日凌晨，香港会展中心华灯齐放，举世瞩目的中英两国政府香港政权交接仪式在这里举行。钟声在零点准时敲响，向世界庄严宣告：历经百年沧桑的香港终于回归祖国。1999年12月20日零时，中华民族的史册又掀开了新的一页。中葡两国政府澳门政权交接仪式在流光溢彩的澳门文化中心花园馆举行，来自四面八方的宾朋共同迎接澳门回归祖国的这一刻。当鲜艳的五星红旗在雄壮的国歌声中冉冉升起时，多少人潸然泪下，历史将永远记住这个瞬间。香港、澳门回归祖国，是中华民族的盛事，见证了海内外中华儿女的百年圆梦之旅，也见证了中国走向繁荣富强的光辉历程。从此，中华民族雪洗了百年耻辱，真正地扬眉吐气了。

第五章

长风破浪会有时：
为什么说新时代
比历史上任何时期
都更接近实现中国梦？

复兴之路，伟大梦想

回望漫长岁月，中华民族曾为人类文明进步作出了不可磨灭的贡献，是当之无愧的世界伟大民族之一。历经近代以来的苦难沧桑，历经百余年的浴血奋战，中国人民结束了任人宰割的屈辱历史，实现了民族独立和人民解放，告别了一穷二白的落后面貌，迎来了从站起来、富起来到强起来的伟大飞跃。中华民族伟大复兴的曙光在前，前途光明。

早在1932年，上海《东方杂志》曾以一则启事向社会各界征集两个问题的答案：其一，梦想中未来中国是怎样？其二，个人生活有什么梦想？启事发出后，各式各样的答案纷至沓来："全国的人，都有饭可吃，有衣可穿，有屋可住，有人可爱"；"工业化、电气化"；"自由平等的中国"……这些梦想，由小及大、由点到面。时任《东方杂志》主编胡愈之在征稿信中说："梦是我们所有人的神圣权利啊！"然而，在一个失去尊严的国家，让一个饱受屈辱的民族谈梦想何其艰难。这次征稿惹恼了国民党当局和投资方，胡愈之在《东方杂志》只待了5个月便黯然离职。即便如此，家国梦想仍然是每一个中国人心中未曾熄灭的火种。

"一心中国梦，万古下泉诗。"经过不屈不挠、前赴后继的奋斗，90年后的中国，已全然不可同日而语。在21世纪第二个10年，中国成为世界第二大经济体，社会生产力、经济实力、科技实力大踏步前进，人民生活水平、居民收入水平、社会保障水平不断迈上新台阶，综合国力、国际竞争力、国际影响力持续增强，国家面貌发生翻天覆地的历史性变化，未来发展呈现出伟大光明的壮阔前景。站在新的历史起点上，中华民族比历史上任何时期都更接近伟大复兴的目标，也比历史上任何时期都更有信心、更有能力实现这个目标。

　　没有创造过辉煌的民族，不会懂得复兴的意义；没有经历过苦难的民族，不会对复兴抱有深切的渴望。经过数千年沧桑历史，让无数中华儿女无法忘却并紧紧凝聚在一起的，正是那共同经历的非凡奋斗，共同创造的美好家园，共同培育的民族精神，而贯穿其中更重要的，是共同坚守的理想信念。2012年11月，中国共产党第十八次全国代表大会在北京隆重举行，翻开了新时代中国特色社会主义新篇章，也开启了实现中华民族伟大复兴中国梦的新征程。

　　党的十八大闭幕半个月后，11月29日，习近平等中央领导同志来到国家博物馆参观《复兴之路》展览。在展厅里，习近平发表了一篇对中国社会产生深远影响的讲话。他讲道："每个人都有理想和追求，都有自己的梦想。现在，大家都在讨论中国梦，我以为，实现中华民族伟大复兴，就是中华民族近代以来最伟大的梦想。这个梦想，凝聚了几代中国人的夙愿，体现了中华民族和中国人民的整体利益，是每一个中华儿女的共同期盼。历史告诉我们，每个人的前途命运都与国家和民族的前途命运紧密相连。国家好，民族好，大家才会好。实现中华民族伟大复兴是一项光荣而艰巨的事

2012 年 11 月 14 日，中国共产党第十八次全国代表大会在北京闭幕。
图为少数民族代表在会议闭幕后步出人民大会堂。

业，需要一代又一代中国人共同为之努力。空谈误国，实干兴邦。我们这一代共产党人一定要承前启后、继往开来，把我们的党建设好，团结全体中华儿女把我们国家建设好，把我们民族发展好，继续朝着中华民族伟大复兴的目标奋勇前进。"这是习近平首次提出并阐释中华民族伟大复兴的中国梦。

"梦"，成为2012年中国年度汉字。简简单单一个字，饱含亿万人民对美好生活的向往和对未来的无限憧憬。中国梦一经提出，很快吸引了国内外关注的目光，它将实现中华民族伟大复兴这一奋斗目标，用通俗易懂、形象生动、百姓喜爱的方式作了表达。环顾当今世界，也有不少国家用各自的"梦"来确定本国的奋斗目标，用以提振人心。在这当中，中国梦无疑是极具特定内涵和强大共鸣的一个。富强、民主、文明、和谐、美丽……无限愿景，以"梦"字囊括。

中国梦的提出，贯通了中华民族的昨天、今天和明天，也传递出新一届中央领导集体勇担民族复兴使命的坚定决心和信心。2013年3月，习近平在出席十二届全国人大一次会议，以及作为国家主席首次出访外国等国内国际重要场合进一步阐述和丰富了中国梦的内涵。他说：实现中华民族伟大复兴的中国梦，就是要实现国家富强、民族振兴、人民幸福；中国梦归根到底是人民的梦，必须紧紧依靠人民来实现，必须不断为人民造福。

中国梦把国家的追求、民族的向往、人民的期盼融为一体，体现了中华民族和中国人民的整体利益。以梦为马，不负韶华。中国梦表达了每一个中华儿女孜孜以求的共同愿景，成为激荡在中国人民心中的高昂旋律，成为中华民族团结奋斗的最大公约数和最大同心圆，成为激励中华儿女团结奋进、开辟未来的一面精神旗帜。

当然，行百里者半九十，看似寻常最崎岖。逐梦之旅从来不

观众在国家博物馆观看"复兴之路"展览。

会是一路坦途、一帆风顺的。相反，梦想越接近，新情况、新问题可能越多。怎样实现中华民族伟大复兴的中国梦？习近平总书记强调，实现中国梦必须走中国道路，必须弘扬中国精神，必须凝聚中国力量。

实现中国梦，必须走中国道路。中国特色社会主义道路，是中国共产党领导中国人民筚路蓝缕、上下求索才找到的一条光明之路，改变了国家和民族的命运。正是因为坚持这条道路，中国连续30多年保持近10%的高速增长、来到世界第二大经济体的位置；正是因为坚持这条道路，中国人民比历史上任何时候都贴近民族复兴的伟大梦想。站在过去与未来的梦想交汇点上，中国道路展现出旺盛的生命力，也极大增强了中国人民的民族自信心和自豪感。尽管我们与梦想的距离越来越近，但依然需要付出艰辛努力。越是在这样的时刻，越是要满怀信心、振奋精神、凝聚力量，沿着中国特色社会主义道路坚定不移地走下去。

实现中国梦，必须弘扬中国精神。人总是需要一点精神的，一个国家、一个民族更需要精神。鲁迅曾经说过："唯有民魂是值得宝贵的，唯有他发扬起来，中国才有真进步。"没有精神作有力支撑，全民族的精神力量就难以充分发挥，一个国家、一个民族就不可能屹立于世界民族之林。在源远流长的中华文明中，生生不息的中国精神成为照耀我们民族奋勇前进的不灭灯塔。而今，面对纷繁复杂的世界，如何在观念多元中立于主导、在思维多样中谋求共识？面对艰巨繁重的改革发展任务，怎样用更高的智慧与更大的勇气爬坡过坎、跨越险滩？实现中国梦，不仅要在物质上强大起来，也要在精神上强大起来。习近平总书记讲的弘扬中国精神，就是以爱国主义为核心的民族精神、以改革创新为核心的时代精神。爱国主义始终是把中华民族坚强团结在一起的一股强大精神力量。在实现中国梦的征程中，大力弘扬爱国主义精神，才能最大限度凝聚共识，团结一切可以团结的力量，汇聚每个人的梦想，成就伟大的中国梦，形成推动社会发展进步的强大正能量。改革创新始终是激励我们在时代发展中与时俱进的精神力量。站在新起点上的中国，既要继续冲破思想观念障碍、打破利益固化藩篱，又要破解发展难题、释放改革红利，唯有继续发扬改革创新精神，才能逢山开路、遇水搭桥，永远朝气蓬勃地迈向未来。

实现中国梦，必须凝聚中国力量。涓涓细流，汇集成海；粒粒砂石，聚集成塔。每个人的前途命运都与国家和民族的前途命运紧紧相连，亿万中国人可谓一个命运的共同体。中国力量，就是中国各族人民大团结的力量，就是亿万人民心往一处想、劲往一处使所汇集而成的力量。对每个人来说，个人的梦想可能千差万别，但在实现国家梦想的征途中，只要同心同德、团结奋进，就会有无坚不摧、战无不胜的磅礴力量。这个力量激发了我们在革命年代前赴后继的抗争，鼓舞了我们在建设时期激情燃烧的奉献，推动了我们在改革开放时期波澜壮阔的奋斗。这个力量，正是我们在民族复兴之路上的胜利之本，能把历经苦难而又生生不息的中华民族送达梦想的彼岸。在伟大梦想的召唤下，每个人都享有人生出彩的机会，享有梦想成真的机会，也享有同祖国和时代一起成长与进步的机会。新时代是奋斗者的时代。习近平总书记指出，有梦想，有机会，有奋斗，一切美好的东西都能创造出来。只有每个人奋斗出精彩人生，才有国家社会的不断前行；只有国家繁荣昌盛，才有更多人敢于筑梦、勇于追梦、努力圆梦，在民族复兴的征程上书写出人生华章。

中国梦不是空中楼阁。梦想要生根发芽、开花结果，离不开现实的土壤。发展方可自强，实干才能兴邦。发展是硬道理，只有通过经济社会的不断发展、物质文化基础的不断夯实，梦想才能成为现实。梦想成真，民生改善是最好的注脚。过上好日子，是千百年来中国老百姓热切的企盼。实现公平正义，提高人民幸福指数，不断满足民生之需、不断增进民生福祉，让亿万人民共享发展成果，让老百姓真正过上好日子，才是中国梦的真正实现。

中国梦是和平、发展、合作、共赢的梦，不仅要造福中国人民，而且要造福世界人民。当中华民族这艘巍巍巨轮从历史的波涛中穿行而来、坚定驶向复兴的彼岸之时，整个世界都为之瞩目：在风云变幻的国际局势中，中国之梦会怎样展开？走向复兴的中国，会给世界带来什么？答案是："同一个世界，同一个梦想"。中国梦的一个独具特色的重要内涵，就是与世界共同分享。中华民族是爱好和平的民族，海纳百川、兼容并蓄是中华民族敦厚平和的民族禀性。中国历来主张求同存异、合作共赢，把世界的机遇转化为中国的机遇，更把中国的机遇推向世界。我们有理由相信，坚持和平发展的中国，终将在完成民族复兴伟业的过程中，成为世界持久和平与共同繁荣的保障。

围绕实现中华民族伟大复兴的中国梦，党中央对新时代党和国家事业发展作出科学完整的战略部署，提出以中国式现代化推进中华民族伟大复兴，统揽伟大斗争、伟大工程、伟大事业、伟大梦想，明确"五位一体"总体布局和"四个全面"战略布局，坚持稳中求进工作基调，统筹发展和安全，明确我国社会主要矛盾是人民日益增长的美好生活需要和不平衡不充分的发展之间的矛盾，并紧紧围绕这个社会主要矛盾推进各项工作，不断丰富和发展人类文明新形态。

上海黄浦区外滩，太极拳爱好者在晨曦中练拳健身。

中国梦是怎样的梦想

举旗定向，谋篇布局

虽已走过万水千山，仍需不断跋山涉水。党的十八大之后，站在新的历史起点上，中国共产党清醒地看到，一系列重大挑战、风险、阻力、矛盾正在叠加而至。彼时，世界刚从一场百年罕见的国际金融危机中走出来，危机余波犹在，增长持续低迷，政治经济形势波谲云诡。中国虽然在持续应对国际金融危机严重冲击的同时在全球率先实现经济企稳回升，但在仍然比较粗放的发展方式下，继续前进的道路上也伴生着巨大风险和挑战，改革发展任务十分艰巨，一系列长期积累及新出现的突出矛盾和问题亟待解决，党内和社会上不少人对党和国家前途忧心忡忡。接过历史的接力棒，要想实现中华民族伟大复兴中国梦的宏伟目标，新一届党中央必须谋好新篇、开好新局。面对影响国家长治久安、人民幸福安康的突出矛盾和问题，党中央审时度势、果敢抉择，锐意进取、攻坚克难，团结带领全党全军全国各族人民撸起袖子加油干、风雨无阻向前行，义无反顾进行具有许多新的历史特点的伟大斗争。

面对国内外形势变化和国内各项事业发展任务，新一届党中央毫不犹豫地强调坚持和发展中国特色社会主义。抚今追昔，中国共产党深刻认识到，改革开放以来党的全部理论和实践的主题，就是中国特色社会主义；能让中国共产党和中国人民团结、奋进、胜利的旗帜，也是中国特色社会主义。中国特色社会主义是当代中国大踏步赶上时代、引领时代发展的康庄大道。为此，党的十八大明确指出，中国特色社会主义道路、理论体系、制度是党和人民90多年奋斗、创造、积累的根本成就，必须倍加珍惜、始终坚持、不断发展。

党的十八大还重申了"两个一百年"的奋斗目标——在中国共产党成立一百年时，全面建成小康社会；在新中国成立一百年时，建成富强、民主、文明、和谐的社会主义现代化国家。"两个一百年"的奋斗目标，为实现中华民族伟大复兴的中国梦描绘了清晰的蓝图。

事在四方，要在中央。要领导开展具有许多新的历史特点的伟大斗争、推进中国特色社会主义伟大事业、实现中华民族复兴的伟大梦想，首先要把党的力量建设好。为了以良好党风带动政风民风、真正赢得群众信任和拥护，党中央决定从作风建设入手。党的十八大后不久，中央政治局审议通过了关于改进工作作风、密切联系群众的八项规定，吹响了作风建设的集结号。八项规定强调：抓作风建设，首先要从中央政治局做起，要求别人做到的自己先要做到，要求别人不做的自己坚决不做；要下大决心改进工作作风，切实解决群众反映强烈的问题，始终保持同人民群众的血肉联系。规定振奋人心，承诺掷地有声。八项规定的出台是新一届中央领导集体以实际行动向全党发出的转变作风、改进党风的召唤，顺应了党心民心，在各地干部群众中引发热烈反响。

与此同时，查处腐败大案要案的序幕也已拉开。对此，习近平总书记强调要"老虎""苍蝇"一起打，既坚决查处领导干部违纪违法案件，又切实解决发生在群众身边的不正之风和腐败问题。正风肃纪、反腐惩恶，显示出新一届党中央领导集体直面党内突出问题的坚定决心。

2012年12月7日，初冬的南国依然绿意融融。在深圳市莲花山公园里，一位特殊的客人轻车简从，悄然而至，他就是新当选中共中央总书记的习近平。在公园里邓小平的铜像面前，习近平总书记久久瞻望、敬献花篮。深圳，是习近平总书记出京考察的第一站。

陕西西安，一列高铁动车在灞河特大桥上快速通过。

此时的深圳，拥有高耸入云的摩天大楼，现代化的城市景观，完全不见昔日边陲小镇的影子。30余年沧海变桑田，年轻的深圳已成长为人口上千万、产业发达、功能完备、环境优美的国际大都市，创造出令世人惊叹的"深圳速度"，书写着改革开放的传奇。

首次外出调研就选择来到这片在改革开放中得风气之先的热土，习近平总书记在深圳发出了改革开放再出发的铿锵号令。他说，改革开放是决定当代中国命运的关键一招，也是决定实现"两个一百年"奋斗目标、实现中华民族伟大复兴的关键一招。现在我国改革已经进入攻坚期和深水区，要坚持改革开放正确方向，敢于啃硬骨头、敢于涉险滩，以更大的政治勇气和智慧推进改革。从广东返回北京后不久，习近平总书记主持召开以坚定不移推进改革开放为主题的中央政治局集体学习，进一步宣示：没有改革开放，就没有中国的今天，也就没有中国的明天。改革开放只有进行时，没有完成时。

2012年的最后几天，习近平总书记来到河北省阜平县骆驼湾村看望慰问群众。不同于深圳的繁华，地处太行山深处的阜平县是革命老区，是当年晋察冀边区政府所在地，也是全国重点贫困县。如何努力才能让乡亲们都能快点脱贫致富奔小康？这也是党中央急切想解决的问题。

全面建成小康社会，最艰巨、最繁重的任务在农村，特别是在贫困地区。没有农村的小康，特别是没有贫困地区的小康，就没有小康社会的全面建成。贫穷不是社会主义，发展太慢也不是社会主义；平均主义不是社会主义，两极分化也不是社会主义。习近平总书记要求，要因地制宜、科学规划、分类指导、因势利导，进一步坚定信心、找对路子，坚持苦干实干，推动贫困地区脱贫致富、加快发展。

党的十八大闭幕后短短一个多月里，新一届中央领导集体用"中国梦"总目标开启中国人民接续奋斗、实现伟大梦想的新起点，以作风建设"小切口"推进党的建设新的伟大工程"大变局"，坚持将深化改革开放作为把中国特色社会主义伟大事业推向前进的根本动力源，为党和国家事业迅速赢得良好开局。

新风扑面，气象更新，全党全国各族人民越来越凝心聚力，在拥抱梦想、脚踏实地的奋斗中迈向充满希望的新前景。此后的几年，党中央治国理政的总体框架以一个清晰的逻辑逐渐展开、逐步搭建起来。

中国特色社会主义是全面发展的社会主义。出于这一深刻考量，党的十八大明确了中国特色社会主义经济建设、政治建设、文化建设、社会建设、生态文明建设"五位一体"总体布局。改革开放以来，从物质文明、精神文明"两个文明"，到经济、政治、文化建设"三位一体"，再到经济、政治、文化、社会建设"四位一体"和如今的"五位一体"，这一发展过程体现了党对社会主义建设规律在认识和实践上的不断深化，也体现了发展理念和发展方式的深刻转变。

在统筹推进"五位一体"总体布局的同时，党中央坚持问题导向、抓住战略重点，围绕实践中面临的突出矛盾问题作出系统谋划，争取从关键处突破。

一个时代有一个时代的问题，发展起来以后的问题不比不发展时少。完善和发展中国特色社会主义制度这座大厦，是一项极为宏大的工程，零敲碎打调整不行，碎片化修修补补也不行，必须进行全面系统的改革。随着改革进入攻坚期、深水区，阻力越来越大，暗礁、潜流、漩涡也越来越多。

2013年11月，党的十八届三中全会拉开了全面深化改革的大幕，明确了全面深化改革的总目标，就是要完善和发展中国特色社会主义制度、推进国家治理体系和治理能力现代化。根据总目标，这次会议描绘了全面深化改革的路线图和时间表，从经济、政治、文化、社会、生态文明和党的建设各个方面提出330多项改

北京宪法广场位于顺义区减河公园内，2015年修建。宪法广场主要由国旗（左上）、国徽石雕（右上）、宪法雕塑（左下）、宪法条文长廊（下中）、依法治国新十六字方针（右下）等组成。

革举措。这些改革举措，勇于冲破思想观念的障碍，勇于突破利益固化的藩篱，展现了刀口向内、壮士断腕的勇气和魄力，推动了一场人类历史上规模空前的改革大潮。

党的十八届三中全会后，中央政治局决定成立由习近平任组长的中央全面深化改革领导小组，下设经济体制和生态文明体制改革、民主法治领域改革、文化体制改革、社会体制改革、党的建设制度改革、纪律检查体制改革等专项小组，负责全面深化改革的总体设计、统筹协调、整体推进和督促落实。此后，改革以全面发力、多点突破、蹄疾步稳之势走向纵深。

理国要道，在于公平正直。法治兴则国兴，法治衰则国乱。要治理好我们这样一个大国，实现经济发展、政治昌明、文化繁荣、社会公正、生态优良，法治是不可或缺的重要手段。然而，有法不依、执法不严、违法不究现象的存在，与人民群众对法治越来越高的要求难以匹配。如何确保社会在深刻的变革中既保持生机又井然有序？这就需要不断把法治中国建设推向前进，用法治为党和国家事业发展提供根本性、全局性、长期性的制度保障。

2014年10月，党的十八届四中全会研究部署全面推进依法治国问题，开启了中国法治新时代。党中央从关系党和国家长治久安的战略高度来定位法治、布局法治、厉行法治，把全面依法治国放在党和国家事业发展全局中来谋划、推进，带来国家治理领域一场广泛而深刻的革命。这次会议对科学立法、严格执法、公正司法、全民守法作出全面部署，为建设中国特色社会主义法治体系、建设社会主义法治国家指明了方向。

党的十八届四中全会给全面依法治国按下"快进键"。此后，党和国家一体推进法治国家、法治政府、法治社会建设，努力使每一项立法都符合宪法精神、反映人民意志、得到人民拥护，努力让人民群众在每一项法律制度、每一个执法决定、每一宗司法案件中都感受到公平正义。

自党的十八大首次提出全面建成小康社会的战略目标后，小康社会从"建设"到"建成"，一字之变，影响深远。从此，为了兑现这一庄严承诺，党中央带领全党全国各族人民兜底线、补短板、精准扶贫，为实现"小康路上一个都不掉队"付出艰苦努力。

2015年10月党的十八届五中全会召开时，全面建成小康社会进入决胜阶段。会议审议通过的"十三五"规划建议，明确把农村贫困人口脱贫作为全面建成小康社会的基本标志，强调要确保到2020年我国现行标准下农村贫困人口实现脱贫、贫困县全部摘帽。

全面小康，贵在"全面"，这意味着，它是经济、政治、文化、社会、生态文明"五位一体"全面进步的小康。在对全面建成小康社会决胜阶段5年的规划建议中，党的十八届五中全会响亮提出创新、协调、绿色、开放、共享的新发展理念，这是实现"十三五"时期发展目标、破解发展难题、厚植发展优势的锦囊药方。构成新发展理念的五个要素，各有其深刻内涵。"明者因时而变，知者随事而制。"创新发展是为了破解新形势下的发展动力问题，以创新发展为全面建成小康社会、实现中华民族伟大复兴提供不竭的动力源泉。"唱和如一，宫商协调。"协调发展是为了解决发展不平衡问题，以协调发展理顺重大关系，使单项发展的动能聚合成整体发展的势能。"天育物有时，地生财有限。"生态兴则文明兴。绿色发展是为了解决生态破坏严重、生态灾害频发、生态压力巨大等突出问题，以绿色发展建设美丽中国，为千秋万代留下绿水青山。"机者如神，难遇易失。"开放发展是为了顺应开放大势、把握合作大局，以开创高水平对外开放新局面，在实现自身发展的同时为世界和平发展贡献更多中国智慧与中国力量。"天地之大，黎元为本。"共享发展是为了在破解群众关心的热点难点问题中开拓前进，为广大人民共享改革发展成果、共享人生出彩机会，筑造更广阔的梦想舞台。

打铁还需自身硬。党的十八大后，党中央抓党的建设的实践，关键在一个"严"字。"严"字带来的党风、政风、民风新气象，充分表明党中央作出全面从严治党战略抉择完全正确，赢得了党心民心，为党和国家事业发展积聚了强大正能量。当我国进入全面建成小康社会决胜阶段、中华民族处于走向伟大复兴的关键时期时，面对前进的路上各种各样的"拦路虎""绊脚石"，只有把党建设得更加坚强有力，才能团结带领人民有力应对重大挑战、抵御重大风险、克服重大阻力、解决重大矛盾，赢得优势、赢得主动、赢得未来。

2016年10月，党的十八届六中全会将全面从严治党作为主题，就新形势下加强党的建设作出新的重大部署，重点解决管党治党的宽、松、软现象，扎紧制度的篱笆，营造风清气正的政治生态，确保党的领导坚强有力。千军万马，看统帅指挥；攻坚克难，听统一号令。这次会议明确了习近平总书记的核心地位，这是进行具有许多新的历史特点的伟大斗争、坚持和发展中国特色社会主义伟大事业的迫切需要。

在全面建成小康社会的决胜阶段、中国特色社会主义进入新时代的关键时期，中国共产党第十九次全国代表大会于2017年10月举行。大会确立了习近平新时代中国特色社会主义思想的指导地位，对决胜全面建成小康社会作出战略部署，描绘了全面建设社会主义现代化国家的宏伟蓝图。

继党的十八届三中全会研究全面深化改革问题后，2018年2月，党的十九届三中全会专门研究深化党和国家机构改革问题，

十八大以来，中共中央从加强和改进党的领导这一根本原则出发，充分发挥巡视利剑作用，有力推动了全面从严治党向纵深发展。图为中央巡视组进驻河北省。

以在全面深化改革进程中抓住有利时机，解决党和国家机构设置和职能配置中存在的突出矛盾和问题。2019年10月，党的十九届四中全会着眼于党长期执政和国家长治久安，抓住坚持和完善党的领导制度这个国家治理的关键和根本，专门研究国家制度和国家治理问题，全面回答在我国国家制度和国家治理体系上应该坚持和巩固什么、完善和发展什么这个重大政治问题。2020年10月，党的十九届五中全会锚定2035年基本实现社会主义现代化的远景目标，对"十四五"时期把握新发展阶段、贯彻新发展理念、构建新发展格局、推动高质量发展作出系统谋划和战略部署。2021年11月，党的十九届六中全会在党成立一百周年的重要历史时刻，在党和人民胜利实现第一个百年奋斗目标、全面建成小康社会，正在向着全面建成社会主义现代化强国的第二个百年奋斗目标迈进的重大历史关头，回顾党走过的百年历程，全面深刻总结党百年奋斗的重大成就和历史经验。

新时代十年里，中国共产党带领全党全国各族人民，一步一个台阶，抓铁有痕、踏石留印，先后就治国理政关键问题作出重大部署，环环相扣地进一步丰富和发展了中国特色社会主义，全面确立起党中央治国理政新方略。

2022年10月，在全党全国各族人民迈上全面建设社会主义现代化国家新征程、向第二个百年奋斗目标进军的关键时刻，中国共产党第二十次全国代表大会在北京召开。习近平总书记所作的二十大报告，阐述了开辟马克思主义中国化时代化新境界、中国式现代化的中国特色和本质要求等重大问题，对全面建设社会主义现代化国家、全面推进中华民族伟大复兴进行了战略谋划，对统筹推进"五位一体"总体布局、协调推进"四个全面"战略布局作出了全面部署，为新时代新征程党和国家事业发展、实现第二个百年奋斗目标指明了前进方向、确立了行动指南。

立足于新时代新征程的使命任务，党的二十大郑重宣告：从现在起，中国共产党的中心任务就是团结带领全国各族人民全面建成社会主义现代化强国、实现第二个百年奋斗目标，以中国式现代化全面推进中华民族伟大复兴。

当前，世界百年未有之大变局加速演进，新一轮科技革命和产业变革深入发展，国际力量对比深刻调整，我国发展进入战略机遇和风险挑战并存、不确定难预料因素增多的时期，以中国式现代化全面推进中华民族伟大复兴前途光明，任重道远。党的二十大报告明确中国式现代化的本质要求是：坚持中国共产党领导，坚持中国特色社会主义，实现高质量发展，发展全过程人民民主，丰富人民精神世界，实现全体人民共同富裕，促进人与自然和谐共生，推动构建人类命运共同体，创造人类文明新形态。中国式现代化为人类实现现代化提供了新的选择，中国共产党和中国人民为解决人类面临的共同问题提供了更多更好的中国智慧、中国方案、中国力量。

在党的十九大明确全面建设社会主义现代化国家及其"两步走"战略安排的基础上，党的二十大进一步对2035年和本世纪中叶的发展目标进行了宏观展望，对未来5年全面建设社会主义现代化国家开局起步关键时期的主要目标任务作出重点部署，勾画出新时代继续推进中国式现代化的时间表和路线图。自此，一个走过百年奋斗历程、立志于中华民族千秋伟业、致力于人类和平与发展崇高事业的马克思主义政党，踔厉奋发、勇毅前行，吹响了夺取全面建设社会主义现代化国家新胜利的奋进号角。

砥砺前行，历史成就

宇宙浩瀚，星汉灿烂，梦在前方，路在脚下。蓝图越是宏伟，奋斗就越艰巨。唯有把蓝图变为持之以恒的行动，才能把梦想变为触手可及的现实。面向充满希望和挑战的未来，只有积极进取、不懈追求，成绩才会如期到来，一个人、一个社会、一个国家，都是如此。

随着"五位一体"总体布局和"四个全面"战略布局的全面展开，浩瀚神州发生了既宏伟壮阔又细微动人的巨大变化。每一个中国人都亲身感受到：一幅中国特色社会主义事业发展的新画卷正在中华大地徐徐展开。

面对极其错综复杂的国内外经济形势，尤其是许多自改革开放以来从未遇过的新情况，党和政府用改革的精神和办法解锁困局，提出并贯彻新发展理念，着力推进高质量发展，推动构建新发展格局，实施供给侧结构性改革，制定一系列具有全局性意义的区域重大战略，使我国经济发展迎来崭新的机遇和前景，我国经济实力实现历史性跃升。

经济发展观念上的一个重大转变，是不再简单以国内生产总值（GDP）增长率论英雄。很长一段时间里，GDP是各界最为关心的经济指标，用以判断一个国家的经济规模、就业水平和人民生活状况。但凡事过犹不及，在我们这么大一个国家，如果一味强调增长，那么资源、资金、市场等各种关系都会绷得很紧。如果"唯GDP是从"，往往出现以牺牲生态环境和社会效益换取经济增长、以牺牲长远发展换取短期增长等隐患问题，虽功在一时，却可能罪在长久。强调以提高经济增长质量和效益为立足点，是着眼于中国经济社会持续健康发展，对"唯GDP是从"旧观念的重大转

秋粮收获

变。经过一段时间的调整，全国多地明确取消了GDP考核，中国逐渐告别"唯GDP时代"。随着发展观念的端正和发展方式的转变，发展越来越聚焦于"人"这个根本，越来越注重创新、协调、绿色、开放、共享，注重提升发展质量和效益。

推进供给侧结构性改革，是适应引领经济发展新常态的一项重大战略举措。2015年11月，针对我国供给和需求不匹配的现象，党中央提出要加强供给侧结构性改革，从生产端着手，调整供给结构，压缩低端和无效供给，加强中高端供给，提升供给体系质量。在实践中，积极引导钢铁、煤炭等行业中那些生产质量和效益不高的生产线关、停、并、转；因城施策、分类指导各地消化商品房库存；降低企业负债，减少企业税费负担；加大对区域协调等重大战略、基础设施等重点领域的投入。随着供给侧结构性改革的深入推进，我国经济结构不断优化，数字经济等新兴产业蓬勃发展，高铁、公路、桥梁、港口、机场等基础设施建设快速推进。

与此同时，一系列关系全局、事关长远的重大战略，激发着我国经济发展的潜在需求，积聚着经济持续发展的势能，牵引和推动了我国经济取得重大发展成就。区域重大战略和区域协调发展战略深入实施。京津冀协同发展战略以疏解北京非首都功能为"牛鼻子"，规划北京发展新的"两翼"，使京津冀三地交通更为便利、产业布局更为合理、生态环境明显改善。长江经济带发展战略强调共抓大保护、不搞大开发，把修复长江生态环境摆在压倒性位置，加速将黄金水道打造成绿色生态走廊和现代产业走廊，走生态文明和经济发展双赢的道路。粤港澳大湾区发展战略着眼于打造更具活力的经济区、宜居宜业宜游的优质生活圈和内地与港澳深度合作的示范区，规划建设迈出实质性步伐。此外，加速推进长三角一体化发展战略、黄河流域生态保护和高质量发展战略；推动西部大开发形成新格局、东北振兴取得新突破、中部地区高质量发展，鼓励东部地区加快推进现代化，支持革命老区、民族地区、边疆地区、贫困地区改善生产生活条件。坚持走以人为核心的新型城镇化道路，有效提升城镇化率和城镇化水平，使我国1亿农业转移人口和其他常住人口在城镇落户，城镇化率超过60%。城市建设和治理成绩有目共睹，越来越多的城市实现了让居民"望得见山、看得见水"的宜居目标。实施乡村振兴战略，加快推进农业农村现代化，坚持谷物基本自给、口粮绝对安全的新粮食安全观，坚持藏粮于地、藏粮于技，切实保障国家粮食安全。加大对农业生产的投入，实现粮食生产十九连丰，粮食年产量已连续8年超过1.3万亿斤，14亿中国人的饭碗端得更牢。随着创新驱动发展战略的大力实施，我国创新型国家建设取得丰硕成果，载人航天、探月探火、深海深地探测、超级计算机、卫星导航、量子信息、核电技术、新能源技术、大飞机制造、生物医药等取得重大成果，高铁网络、电子商务、移动支付、共享经济等引领世界潮流，大数据、云计算、"互联网+"广泛融入各行各业、蓬勃发展。开放的大门越开越大，开放型经济新体制逐步健全，对外贸易、对外投资、外汇储备稳居世界前列。

在经济结构持续优化、发展质量不断提高的同时，我国经济保持了中高速增长，在世界主要国家中名列前茅。2022年国内生产总值突破120万亿元大关，稳居世界第二，对世界经济增长贡献率超过30%，成为世界经济增长的主要稳定器和动力源。

自2013年自由贸易试验区工作启动后，中国的自贸试验区从上海拓展到全国20多个省区市，自贸试验区建设布局逐步完善，构成覆盖东西南北中的改革开放创新格局。自由贸易试验区在投资贸易自由化便利化、金融服务实体经济、政府职能转变等领域大胆先试、积极探索，取得显著成效，充分发挥了全面深化改革和扩大开放"试验田"的重要作用。作为我国最大的经济特区，海南具有实施全面深化改革和试验最高水平开放政策的独特优势。2020年海南自由贸易港建设总体方案出台，指导海南加快建设高水平的中国特色自由贸易港，分步骤、分阶段建立自由贸易港政策和制度体系。

按照蹄疾步稳推进全面深化改革的总体部署，近10年来，我国打响改革攻坚战，加强改革顶层设计，敢于突进深水区，敢于啃硬骨头，敢于涉险滩，敢于面对新矛盾新挑战，冲破思想观念束缚，突破利益固化藩篱，着力增强改革的系统性、整体性、协同性，压茬拓展改革的广度和深度，使改革取得重大突破。为坚决破除各方面体制机制弊端，中共中央和国务院推出1000多项改革举措，各领域基础性制度框架基本建立，许多领域实现历史性变革、系统性重塑、整体性重构。作为全面深化改革的重大步骤，新一轮党和国家机构改革全面完成，中国特色社会主义制度更加成熟更加定型，国家治理体系和治理能力现代化水平显著提高，全社会的发展活力和创新活力都得到明显增强。

在中国这样一个发展中大国，坚持沿着正确的政治发展道路推进中国特色社会主义民主政治建设，是一个关系根本和全局的重大问题。实践充分证明，判断一个国家的政治制度是不是民主有效，主要看这个国家的领导层是不是能够依法有序地更替，看全体人民能不能依法管理国家事务和社会事务、管理经济文化事业，看广大人民群众能不能畅通地表达利益要求，社会各方面能不能有效参与国家政治生活。基于这样的认识，党和国家坚持走中国特色社会主义政治发展道路，全面发展全过程人民民主，

2016 年 9 月 25 日，世界最大单口径射电望远镜——500 米口径球面射电望远镜（简称 FAST）在贵州平塘县克度镇喀斯特洼坑中落成。

2020 年 6 月 1 日，中共中央、国务院印发《海南自由贸易港建设总体方案》，中国特色自由贸易港启航。图为航拍海口秀英港的集装箱码头。

全面推进社会主义民主政治制度化、规范化、程序化，广泛开展社会主义协商民主，使人民当家作主更为扎实，基层民主活力增强，爱国统一战线巩固拓展，民族团结进步呈现新气象，党的宗教工作基本方针得到全面贯彻，人权得到更好保障。深入推进社会主义法治国家建设，基本形成全面依法治国总体格局，加快建设中国特色社会主义法治体系，使司法体制改革取得重大进展，社会公平正义保障更为坚实，法治中国建设开创新局面。

提高立法质量，是全面依法治国的关键。要实现科学立法、民主立法、依法立法水平的不断提高，需要不断完善人民代表大会制度。2023年3月，十四届全国人大一次会议通过了新修订的《中华人民共和国立法法》，在此基础上，全国人大加强重点领域立法，在制定和修改法律中加快完善中国特色社会主义法律体系建设。通过不断深化和拓展人大代表工作，更多一线工人、农民、专业技术人员成为人大代表，使这部分群体社情民意的表达和反映变得更加畅通。

中国特色社会主义民主政治具有一个独特的民主形式，就是协商民主。为切实保障人民当家作主，推动社会主义协商民主广泛、多层、制度化发展，党中央谋划并形成了政党协商、人大协商、政府协商、政协协商、人民团体协商、基层协商、社会组织协商等七种协商形式，民主形式变得丰富、民主渠道得以拓宽、民主内涵大为加深。党中央召开或委托召开上百次协商会、座谈会、情况通报会，为社会主义协商民主的全面展开发挥了积极作用。

要让人民群众从各层次各领域有序参加政治生活，就需要充分发挥我国基层民主的作用。在各地，越来越多的人民群众通过村委会、居委会、职工代表大会等直接参与到对社会事务的管理中来，将基层民主落到实处。不论是城市还是农村，都普遍制定了公约或自治章程，基本建立起以民主选举、民主协商、民主决策、民主管理、民主监督为主要内容的基层群众自治制度，并在不断完善中持续释放基层群众自治制度的活力。

坚持党的领导、人民当家作主、依法治国三者有机统一，是坚持中国特色社会主义政治发展道路的关键。为了牢牢把握这个关键，我国一体推进法治国家、法治政府、法治社会建设，实现了中国特色社会主义法治体系的日益完善，全社会法治观念明显增强。

文化是一个国家、民族的灵魂，往往文化兴则国运兴、文化强则民族强。由于人们的思想活动呈现出越来越明显的独立性、差异性、多变性，思想文化建设的意义也更加凸显。在强调中国特色社会主义道路自信、理论自信、制度自信的基础上，党中央又提出文化自信，坚持中国特色社会主义文化发展道路，激发全民族的文化创新活力。文化自信，让新时代党的创新理论深入人心，社会主义核心价值观得到广泛传播，中华优秀传统文化得到创造性转化、创新性发展，文化事业日益繁荣，网络生态持续向好。

要适应舆论生态、媒体格局和传播方式的深刻变化，就要持续加强意识形态工作、加强和改进宣传思想工作。在深刻回答新形势下宣传思想工作一系列重大理论和现实问题的基础上，党中央对于实行意识形态工作责任制、推动媒体融合发展、实施网络内容建设工程等作出明确工作部署。由于对复杂严峻的意识形态问题敢抓敢管、敢于亮剑，且持续深化对中国特色社会主义和中国梦的学习宣传教育，马克思主义在意识形态领域的指导地位更加鲜明，理论武装卓有成效，全党全社会日渐呈现团结向上的好局面。

为了让主旋律更加高昂、正能量更加强劲，党和国家提出"富强、民主、文明、和谐，自由、平等、公正、法治，爱国、敬业、诚信、友善"的社会主义核心价值观，在全社会大力培育和践行，将其贯穿到国民教育的全过程里，落实到经济发展和社会治理的火热实践中。一时间，群众性精神文明创建活动广泛开展起来，社会主义核心价值观进教材、进课堂、进各个领域宣传文化工作，全社会普遍兴起社会主义核心价值观学习。这一价值目标体系渐渐深入人心，成为人们的情感认同，融入人们的行为习惯中。

繁荣发展的文化事业和文化产业，可以给人们提供更多更好的精神食粮。在充分彰显文化自信的同时，我国积极保存、弘扬和发展中华优秀传统文化，不断提高公共文化服务水平，为文艺创作持续繁荣营造良好环境，推动文化事业和文化产业蓬勃发展。通过大力健全现代文化产业市场体系，我国的文化产业保持了较快增长速度。我国还积极统筹对外文化交流、文化传播和文化贸易，加快推动中华文化"走出去"，实现了国家文化软实力和中华文化影响力的大幅提升。

近些年来，党和国家隆重庆祝中国人民抗日战争暨世界反法西斯战争胜利70周年（2015年）、中国人民解放军建军90周年（2017年）、改革开放40周年（2018年）、中国人民志愿军抗美援朝出国作战70周年（2020年）、中国共产党成立100周年（2021年）等一系列重大纪念日。2022年初，我们成功举办了北京冬奥会、冬残奥会。青年一代更加积极向上，全党全国各族人民文化自信明显增强、精神面貌更加奋发昂扬。

经济社会发展了，人们对美好生活的向往也会随之增强。与以往相比，民生领域的需求不是减少了，而是日益复杂多元。温饱之余，人们更加关心自己所生活的社会是不是各方面都有保障，是不是幼有所育、学有所教、劳有所得、病有所医、老有所

书店成为很多城市重要的文化地标。图为扬州钟书阁书店。

养、住有所居、弱有所扶。面对保障和改善民生方面的繁重任务，党和国家深入贯彻以人民为中心的发展思想，在民生领域持续用力，推动一大批惠民举措落地实施，建成世界上规模最大的教育体系、社会保障体系、医疗卫生体系，使人民生活全方位改善，人民群众获得感、幸福感、安全感更加充实、更有保障、更可持续，共同富裕取得新成效。

教育是百年大计，承载着中国亿万家庭对美好未来的期待。作为实现中华民族伟大复兴的一项基础性工程，教育强国建设带动我国教育事业全面发展。党和国家连续多年不断加大教育经费投入，大力支持贫困地区改善办学条件、加强学生营养、构建资助体系，使中西部和农村教育明显加强，教育普及水平实现历史性跨越。与此同时，为有效缓解老百姓反映强烈的学前教育"入园难""入园贵"和中小学"择校热"等问题，教育部门出台一系列政策措施，积极扩大优质教育资源的覆盖面。

在我国这样一个人口众多的国家，就业关系老百姓的饭碗，是最大的民生。为此，党和国家采取更加积极的就业政策，一面积极出台和完善各项创业优惠，一面大力发展职业教育和技能培训，并加大对"援企稳岗"的支持力度。经过几年发展，我国就业状况持续改善。2012-2022年，城镇新增就业年均超过1300万人，十年累计实现城镇新增就业1.3亿人。就业结构不断优化，第三产业吸纳就业人数最多。从就业地域来看，劳动力选择就近就地就业的明显增加，返乡创业成为新趋势。

此外，为了推动居民收入和经济发展同步增长、劳动报酬和劳动生产率同步提高，我国积极"扩中、提低、调高、打非"，实现城乡居民收入增速超过经济增速，中等收入群体持续扩大，构建起更加合理、更加有序的收入分配格局。为保障民生，党和国家坚持全覆盖、保基本、多层次、可持续的方针，建设社会保障体系。随着健康中国战略的全面深入实施，党和国家着力把人民健康放在优先发展的战略地位，全方位、全周期保障人民健康，实现人民健康和医疗卫生水平的大幅提高。

生态环境不仅关乎每一个人的生存发展，还关乎子孙后代的生命健康。经过数十年粗放型发展，我国资源环境问题在某些地区、某些领域已经十分严重，频频成为危及民生的社会问题。"既要绿水青山，也要金山银山"；"宁要绿水青山，不要金山银山"；"绿水青山就是金山银山"。有了这样的认识，就有了把良好生态环境这一最普惠的民生福祉交还给人民群众的行动。党和国家坚持绿水青山就是金山银山的理念，坚持山水林田湖草沙一体化保护和系统治理，全方位、全地域、全过程加强生态环境保护，大力推动生态文明建设，使人们日益增长的优美生态环境需要逐渐得到满足，美丽中国建设迈出坚实步伐。

保护生态环境就是保护生产力。保护生态环境的一个当务之急是让森林、草原、湿地等重要生态功能区得到休养生息。作为全面加大"山水林田湖草"生态系统保护力度的重要举措，我国全面停止天然林商业性采伐、实施沙化土地封禁保护区试点、加大力度实施"退耕还林还草"和"退牧还草"工程、全面停止围海填海、全面推行"河湖长制"。为补齐生态短板，我国进一步加强生态环境治理，继续大力发展植树造林、治理沙化土地、改善大江大河干流水质、治理空气细颗粒物污染。通过不断努力，我国重大生态保护和修复工程进展顺利，森林覆盖率持续提高，环境状况得到较大改善。

取之有度，用之有节，是生态文明持续发展的真谛。党和政府贯彻绿色发展理念，加快建立健全绿色低碳循环发展的经济体系。严格实行对水、土地、能源等资源总量和强度的双控制度，有效推进全面节约资源，使我国能源资源消耗强度大幅下降。通过推动能源生产和消费革命，我国成为世界利用新能源和可再生能源第一大国。由于生态环保标准大幅提高，一些能耗高、污染重的传统产业不得不改造升级，节能环保产业和循环经济得到较快发展。通过试点碳排放权、排污权交易，政府引导更多社会资本投入绿色产业。在社会生活领域，党和政府倡导简约适度、绿色低碳的生活方式，反对奢侈浪费和不合理消费，提倡低碳出行，开展"光盘行动"。为推动绿色生活方式成为人们的共同追求，政府不断增加绿色产品和服务供给，发展共享经济，广泛开展创建绿色家庭、绿色学校、绿色社区、绿色商场、绿色建筑等活动。在全社会共同努力下，生态环境保护的状况得到明显改变。

切实保护生态环境，离不开严格的制度和严密的法治。通过加快生态文明制度体系建设，我国逐步建立起涉及国土空间开发、资源节约利用、生态环境保护的体制机制，这些制度产权清晰、多元参与、激励约束并重、系统完整，指引我国生态文明制度建设全面展开、深入推进。为强化监管，党和政府明确提出对生态环境保护实行党政同责、一岗双责，严格落实领导干部生态文明建设责任制。经过两次中央生态环境保护督查，严肃查处突出生态环境问题。通过实施"史上最严"的新环保法，以空前力度打击环境方面的违法犯罪。

国家安全是民族复兴的根基，社会稳定是国家强盛的前提。在总体国家安全观的指引下，国家安全领导体制和法治体系、战略体系、政策体系不断完善，相关部门在原则问题上寸步不让，以坚定的意志维护国家主权、安全、发展利益，国家安全得到全面加强。党和政府进一步健全共建共治共享的社会治理制度，民

浙江省湖州市长兴县首创"河长制"18年来，通过多项举措，推动乡村水域生态持续改善，带动周边乡村旅游和民宿业发展，沿岸居民享受到"绿水青山"带来的生态红利。图为长兴县太湖综合旅游观光带。

族分裂势力、宗教极端势力、暴力恐怖势力受到有效遏制，扫黑除恶专项斗争取得阶段性成果，一系列重大自然灾害得到有力应对，平安中国建设迈向更高水平。

着眼于实现中国梦、强军梦，党中央确立党在新时代的强军目标，贯彻新时代党的强军思想，制定和贯彻新形势下军事战略方针，全力推进国防和军队现代化。2014年10月，在福建古田召开的全军政治工作会议，强调坚持党对人民军队的绝对领导，使我党我军光荣传统和优良作风得到恢复和发扬，有效治理了人民军队的政治生态。党中央大刀阔斧深化国防和军队改革，重构人民军队领导指挥体制、现代军事力量体系、军事政策制度，形成军委管总、战区主战、军种主建新格局，人民军队组织架构和力量体系实现革命性重塑，国防和军队现代化建设步伐加快。人民解放军牢固树立战斗力这个唯一的根本的标准，坚决把全军工作重心归正到备战打仗上来，加强练兵备战，统筹加强各方向各领域军事斗争，大抓实战化军事训练，有效执行海上维权、反恐维稳、抢险救灾、国际维和、亚丁湾护航、人道主义救援等重大任务，加快发展武器装备，军事斗争准备取得重大进展。人民军队体制一新、结构一新、格局一新、面貌一新，现代化水平和实战能力得到显著提升，中国特色强军之路越走越宽广。

为推动港澳台工作取得新进展，党和政府全面准确推进"一国两制"实践，坚持"一国两制"、"港人治港"、"澳人治澳"、高度自治的方针，牢牢掌握宪法和基本法赋予的中央对香港、澳门全面管治权，深化内地和港澳地区交流合作，推动香港进入由治及兴的新阶段，香港、澳门保持长期稳定发展良好态势。妥善应对台湾局势变化，坚持一个中国原则和"九二共识"，提出新时代解决台湾问题的总体方略，促进两岸交流合作，坚决反对"台独"分裂行径，坚决反对外部势力干涉，牢牢把握两岸关系主导权和主动权。

随着全方位外交布局的深入展开，我国全面推进中国特色大国外交，推动构建人类命运共同体，坚定维护国际公平正义，倡导践行真正的多边主义，旗帜鲜明反对一切霸权主义和强权政治，毫不动摇反对任何单边主义、保护主义、霸凌行径。完善我国外交总体布局，积极建设覆盖全球的伙伴关系网络，推动构建新型国际关系。通过实施共建"一带一路"，发起创办亚洲基础设施投资银行，设立丝路基金，举办"一带一路"国际合作高峰论坛、亚太经合组织领导人非正式会议、二十国集团领导人峰会、金砖国家领导人会晤、亚信峰会、积极参与全球治理体系改革和建设、全面开展抗击新冠疫情国际合作等一系列行动，向全世界展现了中国作为负责任大国的担当，赢得广泛国际赞誉。我国国际影响力、感召力显著提升。

党中央深入推进全面从严治党，使管党治党宽、松、软状况得到切实改变，全面从严治党取得卓越成效。坚持打铁必须自身硬，从制定和落实中央八项规定开局破题，提出和落实新时代党的建设总要求，以党的政治建设统领党的建设各项工作，坚持思想建党和制度治党同向发力，严肃党内政治生活，持续开展党内集中教育，提出和坚持新时代党的组织路线，突出政治标准选贤任能，加强政治巡视，形成比较完善的党内法规体系，推动全党坚定理想信念、严密组织体系、严明纪律规矩。持之以恒正风肃纪，以钉钉子精神纠治"四风"，反对特权思想和特权现象，坚决整治群众身边的不正之风和腐败问题，刹住了一些长期没有刹住的歪风，纠治了一些多年未除的顽瘴痼疾。开展了史无前例的反腐败斗争，以"得罪千百人、不负十四亿"的使命担当祛病治乱，不敢腐、不能腐、不想腐一体推进，"打虎""拍蝇""猎狐"多管齐下，反腐败斗争取得压倒性胜利并全面巩固，消除了党、国家、军队内部存在的严重隐患，确保党和人民赋予的权力始终用来为人民谋幸福。经过不懈努力，党找到了自我革命这一跳出治乱兴衰历史周期的第二个答案，显著增强自我净化、自我完善、自我革新、自我提高能力，不断形成和发展风清气正的党内政治生态，确保党永远不变质、不变色、不变味。

新故相推，日生不滞，复兴在望，逐梦不止。中华民族长久积蓄的民族能量，在实现中华民族伟大复兴中国梦的征途上爆发了。党的十八大以来，以习近平同志为核心的党中央领导全党全军全国各族人民砥砺前行，自信自强、守正创新，创造了新时代中国特色社会主义的伟大成就。

我们创立了新时代中国特色社会主义思想，为新时代党和国家事业发展提供了根本遵循；我们全面加强党的领导，中国共产党这个拥有九千六百多万名党员的马克思主义政党更加团结统一；我们对新时代党和国家事业发展作出科学完整的战略部署，为推动我国迈上全面建设社会主义现代化国家新征程绘就了光辉蓝图；我们经过接续奋斗，实现了小康这个中华民族的千年梦想，我国发展站在了更高历史起点上；我们提出并贯彻新发展理念，着力推进高质量发展，推动构建新发展格局，实施供给侧结构性改革，制定一系列具有全局性意义的区域重大战略，我国经济实力实现历史性跃升；我们以巨大的政治勇气全面深化改革，打响改革攻坚战，中国特色社会主义制度更加成熟更加定型，国家治理体系和治理能力现代化水平明显提高；我们实行更加积极主动的开放战略，形成更大范围、更宽领域、更深层次对外开放格局；我们坚持走中国特色社会主义政治发展道路，人民当家作主更为扎实，人权得到更好保障，法治中国建设开创新局面；我们确立和坚持马克思主义在意识形态领域指导地位的根本制度，全党全国各族人民文化自信明显增强、精神面貌更加奋发昂扬；我们深入贯彻以人民为中心的发展思想，在幼有所育、学有所教、劳有所得、病有所医、老有所养、住有所居、弱有所扶上持续用力，人民生活得到全方位改善，共同富裕取得新成效；我们坚持绿水青山就是金山银山的理念，让祖国天更蓝、山更绿、水更清；我们贯彻总体国家安全观，国家安全领导体制和法治体系、战略体系、政策体系不断完善，平安中国建设迈向更高水平；我们确立党在新时代的强军目标，中国特色强军之路越走越宽广；我们全面准确推进"一国两制"实践，坚持"一国两制"、"港人治港"、"澳人治澳"、高度自治的方针，香港、澳门保持长期稳定发展良好态势，我们提出新时代解决台湾问题的总体方略，牢牢把握两岸关系主导权和主动权；我们全面推进中国特色大国外交，推动构建人类命运共同体，我国国际影响力、感召力、塑造力显著提升；我们深入推进全面从严治党，坚持打铁必须自身硬，风清气正的党内政治生态不断形成和发展。

这一系列历史性成就和历史性变革，为实现中华民族伟大复兴提供了更为完善的制度保证、更为坚实的物质基础、更为主动的精神力量。中国共产党和中国人民以英勇顽强的奋斗向世界庄严宣告，中华民族迎来了从站起来、富起来到强起来的伟大飞跃。

人民之梦，全面小康

中国梦是民族的梦，国家的梦，而归根到底，是人民的梦。

每一个人都怀揣梦想、奋力实现梦想，正是中国梦最为鲜活生动的地方。中国人民的中国梦，只有同中国人民对美好生活的向往结合起来，才可能取得成功。

2015年9月22日，正在美国访问的习近平主席在华盛顿州当地政府和美国友好团体联合欢迎宴会上发表了一场演讲。在演讲中，他回忆起自己一段难忘的青春岁月，谈到一个当时就埋在心里的愿望："上世纪60年代末，我才十几岁，就从北京到中国陕西省延安市一个叫梁家河的小村庄插队当农民，在那儿度过了7年时光。那时候，我和乡亲们都住在土窑里、睡在土炕上，乡亲们生活十分贫困，经常是几个月吃不到一块肉。我了解乡亲们最需要什么！后来，我当了这个村子的党支部书记，带领乡亲们发展生产。我了解老百姓需要什么。我很期盼的一件事，就是让乡亲们饱餐一顿肉，并且经常吃上肉。"

演讲播出后，梁家河的乡亲们收到了县里录好的演讲光盘。老乡们看后激动不已，也感慨万分——时过境迁，经过一代代人接续奋斗，如今的梁家河修起了柏油路，乡亲们住上了砖瓦房，用上了互联网，老人们享有基本养老，村民们有医疗保险，孩子们可以接受良好教育，而吃肉早已不成问题，不再是难以实现的心愿——只要满怀信心、付出辛勤和智慧，曾经的不可能也会变成可能。

老百姓有很多朴素而实在的愿望，希望衣食住行更好，希望工资收入更高，希望社会保障更稳固，希望空气环境更宜人……"民亦劳止，汔可小康"。自2012年中国正式吹响全面建成小康社会的号角以来，中国老百姓对美好生活的向往，正在不断变为现实。

收入为民生之源。提高人民收入、缩小收入差距，体现了共

2018 年 4 月 26 日，中国海军辽宁舰航母编队圆满完成远海实兵对抗训练，返回青岛航母军港。

2018 年 10 月 24 日，港珠澳大桥正式通车。图为远眺港珠澳大桥。

同富裕这一中国特色社会主义的根本原则和本质特征，是全面建成小康社会的内在要求。随着我国经济社会的持续快速发展，新时代我国社会主要矛盾转变为人民日益增长的美好生活需要和不平衡不充分的发展之间的矛盾。对此，我国有针对性地提出提高人民收入的目标，把它作为逐步实现全体人民共同富裕这个时代目标的重要内容，并作了全面的战略部署。

2012年党的十八大提出，到2020年，实现GDP总量和城乡居民平均收入在2010年基础上分别翻一番。2017年，党的十九大报告在描述2020年全面建成小康社会时，指出要让"人民生活更加殷实"，赋予增加人民收入这一目标更为丰富的内涵。

理论和实践证明，橄榄型的社会结构是最为稳定的。要维护社会和谐稳定、实现国家长治久安，一个重要的途径是稳步降低低收入群体的比重，同时逐渐扩大中等收入群体的比重。实践中，一系列增加人民收入、扩大中等收入群体的新政策先后落地。通过提高技术工人待遇，实行以增加知识价值为导向的分配制度，完善机关公务员工资制度，完善适应事业单位特点的工资制度，完善城乡居民增加财产性收入制度，加大再分配调节力度，健全以公平为核心原则的产权保护制度等，我国中等收入群体明显扩大。以家庭年收入10万元至50万元为标准，到2022年止，我国中等收入群体4亿多人，已形成世界上规模最大、成长最快的中等收入群体。

现如今人民的富足程度，远超历史上任何时期。自2015年起，我国人均粮食占有量保持在470公斤以上，远超世界平均水平。百姓的餐桌上，肉奶蛋已逐渐成为主角。全国居民恩格尔系数不断下降，意味着人们的绝大多数收入已不再用来解决吃饱饭的问题。2022年，我国人均国内生产总值8.57万元，全国居民人

2022 年，全国居民人均可支配收入 3.69 万元人民币，较 2010 年翻了近 3 倍。

均可支配收入3.69万元。在人民生活水平的稳步提升中，人们似乎已经可以望见全面建成小康社会的样子了。

当然，全面建成小康社会，强调的不仅仅是小康，真正难做到的是全面。没有全民小康，就谈不上全面小康。贫困是人类社会的顽疾，反贫困始终是古今中外治国安邦的一件大事。一部中国史，就是一部中华民族同贫困作斗争的历史。从屈原"长太息以掩涕兮，哀民生之多艰"的感慨，到杜甫"安得广厦千万间，大庇天下寒士俱欢颜"的憧憬，再到孙中山"家给人足，四海之内无一夫不获其所"的夙愿，都反映了中华民族对摆脱贫困、丰衣足食的深深渴望。近代以后，由于封建统治的腐朽和西方列强的入侵，中国政局动荡、战乱不已、民不聊生，贫困的梦魇更为严重地困扰着中国人民。摆脱贫困，成了中国人民孜孜以求的梦想，也是实现中华民族伟大复兴中国梦的重要内容。

虽然经过多年与贫困的斗争，我国8亿人口摆脱了贫困，13亿多人摆脱了物质短缺，总体达到小康水平，享有前所未有的尊严和权利。但在广大农村特别是农村贫困地区，还有很多人久困于穷。入之愈深，往往其进愈难，此时尚未脱贫的大多是基础脆弱的地区，等待脱贫的大多是深度贫困的群众。2012年，中国贫困人口还有9000多万。这些贫中之贫、困中之困，是全面小康最大的短板，是最难啃的贫困"硬骨头"。

习近平总书记说：全面建成小康社会，一个也不能少，共同富裕路上，一个也不能掉队。脱贫攻坚，时不我待，一诺千金。党和政府把脱贫攻坚作为实现第一个百年奋斗目标的重点工作，以前所未有的力度向前推进，以超越常规的举措攻坚克难。这是一场人类历史上前所未见的脱贫攻坚战。它的目标是到2020年，稳定实现扶贫对象"两不愁、三保障"——不愁吃、不愁穿，义

上图：广西壮族自治区百色市靖西县壬庄乡龙井村以前的茅草房。

下图：龙井村旧貌换新颜。

务教育、基本医疗、住房安全有保障。

十八洞村，是湖南湘西花垣县的一个偏僻苗寨，因村内有18个天然溶洞而得名。2013年11月，习近平总书记来这里考察，第一次提出"精准扶贫"重要思想，指示要实事求是、因地制宜、分类指导、精准扶贫。两个月后，全国第一支精准扶贫工作队来到十八洞率先探路，帮助这个小山村走出贫困。2014年全国两会期间，习近平总书记进一步阐释了"精准扶贫"的深远意义。这一年，全国80多万名干部进村入户，共识别贫困村12.8万个、贫困人口8962万人，对每一个贫困户都建档立卡。自此，一场新中国成立以来规模最大、持续深入开展的精准扶贫工作，在全国扎扎实实地开展起来。

因地制宜，弱鸟先飞，精准发力，滴水穿石。围绕"精准"这一要求，党和政府提出扶持对象精准、项目安排精准、资金使用精准、措施到户精准、因村派人精准、脱贫成效精准"六个精准"。为重点解决"扶持谁""谁来扶""如何退"等关键问题，提出发展生产脱贫一批、易地搬迁脱贫一批、生态补偿脱贫一批、发展教育脱贫一批、社会保障兜底一批"五个一批"工程等解决办法。各地充分发挥政府和市场两种力量的作用，深入开展东西部扶贫协作、党政机关定点扶贫、军队和武警部队扶贫、社会力量参与扶贫，构建起专项扶贫、行业扶贫、社会扶贫互为补充的大扶贫格局。

2015年11月，中共中央、国务院正式发布《关于打赢脱贫攻坚战的决定》，要求"采取超常规举措，拿出过硬办法，举全党全社会之力，坚决打赢脱贫攻坚战"。中西部22个省区市一把手向中央签署脱贫攻坚责任书，立下"军令状"。省、市（州）、县、乡（镇）、村五级书记抓扶贫，全党动员齐攻坚。截至2020

湖南省湘西花垣县十八洞村在各级政府一系列有效政策和措施驱动下，通过自身努力，已经成功脱贫。图为 2019 年 11 月 25 日，在一场公开演出活动中，花垣县驻十八洞村扶贫工作队原队长龙秀林带领村民代表上台，介绍扶贫成果。

年底，全国累计选派25.5万个驻村工作队、300多万名驻村第一书记和驻村干部，同近200万名乡镇干部和数百万村干部一道奋战在扶贫一线。从雪域高原到戈壁荒漠，从革命老区到民族地区，千千万万党员干部深入农村贫困地区，体察民情、为民解忧、助民脱困致富，处处是一派热火朝天、别开生面的扶贫景象。

随着精准扶贫、精准脱贫各项措施的贯彻落实，我国的脱贫攻坚事业不断取得新突破，贫困人口逐渐脱离贫困。党的十八大后的8年里，平均每年1000多万人脱贫，规模相当于一个中等国家的人口。贫困人口全部实现"两不愁、三保障"，饮水安全也都有了保障，收入水平显著提高。2000多万贫困患者得到分类救治，曾经被病魔困扰的家庭挺起了生活的脊梁。近2000万贫困群众享受低保和特困救助供养，2400多万困难和重度残疾人拿到了生活和护理补贴。110多万贫困群众当上护林员，守护绿水青山，换来了金山银山。脱贫攻坚阳光照耀到每一个角落，无数人的命运发生了改变，无数人的梦想在渐渐实现。

脱贫地区整体面貌发生历史性巨变。贫困地区基础设施建设突飞猛进，截至2020年底，新改建农村公路110万公里，新增铁路里程3.5万公里。贫困地区农网供电可靠率达到99%，大电网覆盖范围内贫困村通动力电比例达到100%，贫困村通光纤和4G比例均超过98%。这些联通田间地头，串起千家万户的农村公路、电路、网路，这端连着原产地、那端通往广袤市场，带动了各地特色农业、乡镇工业、旅游服务业、电商产业等遍地开花，经济社会发展步伐显著加快，经济实力不断增强。随着行路难、吃水难、用电难、通信难、上学难、就医难等问题得到历史性解决，贫困地区社会事业取得长足进步。

2020年11月23日，是中国脱贫攻坚史上一个重要的时刻。这一天，贵州省宣布最后9个贫困县均实现脱贫摘帽，意味着我国所有深度贫困地区的最后堡垒被全部攻克。2021年2月，全国脱贫攻坚总结表彰大会隆重召开。习近平总书记在会上宣布：我国现行标准下9899万农村贫困人口已全部脱贫，832个贫困县全部摘帽，12.8万个贫困村全部出列，区域性整体贫困得到解决，我国脱贫攻坚战取得了全面胜利。中国创造了又一个彪炳史册的人间奇迹！这是中国人民的伟大光荣，是中国共产党的伟大光荣，是中华民族的伟大光荣！

随着困扰中华民族几千年的绝对贫困问题得到历史性解决，小康这个中华民族的千年梦想终于实现，中国人民在创造美好生活、实现共同富裕的道路上迈出了坚实的一大步。2022年，党的二十大擘画以中国式现代化全面推进中华民族伟大复兴宏伟图景时，明确指出中国式现代化是全体人民共同富裕的现代化，将实现全体人民共同富裕作为中国式现代化的本质要求之一。对此，习近平总书记强调，共同富裕是中国特色社会主义的本质要求，也是一个长期的历史过程，我们坚持把实现人民对美好生活的向往作为现代化建设的出发点和落脚点，着力维护和促进社会公平正义，着力促进全体人民共同富裕，坚决防止两极分化。站在新的更高的历史起点上，只有保持历史耐心，尽力而为、量力而行，才能不断朝着全体人民共同富裕的目标前进。

筑梦天下，命运与共

世界大势，浩浩荡荡。茫茫宇宙中的蓝色星球，承载的是70亿人的希望和梦想。在滚滚向前的全球化潮流中，中国人民的梦想同世界各国人民的梦想始终息息相通，中国梦与亚太梦、非洲梦乃至持久和平、共同繁荣的世界梦同频共振。

2013年3月，习近平主席在莫斯科国际关系学院发表演讲。在演讲中他提到："这个世界，各国相互联系、相互依存的程度空前加深，人类生活在同一个地球村里、生活在历史和现实交汇的同一个空间里，越来越成为你中有我、我中有你的命运共同体。"这是习近平总书记首次提出人类命运共同体理念，形象阐述了整个世界利益交融、命运与共，一荣俱荣、一损俱损的关系。

当此之时，人类正面临百年未有之大变局，风云变幻，并不安宁。霸权主义、强权政治有所抬头，保护主义、单边主义趋于普遍，战乱饥荒此起彼伏，安全问题复杂交织。人类面对的全球性问题数量之多、困扰之大、程度之深，前所未有。世界来到充满风险挑战的当口，一枝独放不成春，百花齐放满春园，任何国家已不可能独善其身，中国更是如此。

中国的发展离不开世界，世界的繁荣更离不开中国。除了实现中国人民的梦想，中国梦还牵挂着世界人民的梦想。在浩瀚世界，中国梦从来就不是孤立的，它是追求和平的、奉献世界的梦。

中国梦追求和平。中华民族历来是爱好和平的民族，天下太平、共享大同是中华民族绵延数千年的理想。近代以来，历经外国侵略和内部战乱的百年苦难，中国人民深知和平的宝贵，深知只有在和平的环境中才能实现梦想。中国需要在和平的环境中建设国家、改善人民生活，希望同世界各国一道共谋和平、共护和平、共享和平。中国梦给世界带来的是和平和机遇，绝不是威胁和动荡。100多年前，拿破仑曾经预言，中国是一头沉睡的狮子，当这头睡狮醒来时，世界都会为之发抖。时至今日，中国这头狮子已经醒了，世界为之瞩目。但历史将会证明，醒来的是一只和

中国提前 10 年完成了联合国 2030 年可持续发展议程的减贫目标。图为观众参观"希望的田野——脱贫攻坚　共享小康全国摄影展"。

平的、可亲的、文明的狮子。

中国梦奉献世界。"穷则独善其身，达则兼济天下"，中华民族自古就崇尚这样的品德和胸怀。我们也深知，"合则强，孤则弱"，世界好，中国才会好，中国好，世界才能更好。当前，中国人民一心一意办好自己的事情，既是对自己负责，也是为世界作贡献。大时代需要大格局，我们为人民谋幸福，也为世界谋大同，世界更美好，人民才会更幸福。随着中国的不断发展，我们已经并将继续尽己所能，为世界和平与发展作出自己的贡献。

"世事纷繁多元应，纵横当有凌云笔。"2017年1月，习近平主席在联合国日内瓦总部发表主旨演讲，系统阐释构建人类命运共同体理念，在国际社会引起广泛反响，给"世界怎么办、我们怎么办"这一世纪之问一个响亮的回答。

构建人类命运共同体，要坚持对话协商，建设一个持久和平的世界。人类历史上，战争的教训惨痛而深刻。瑞士著名作家黑塞曾说："不应为战争和毁灭效劳，而应为和平与谅解服务。"中国认为，大国之间只要坚持沟通、真诚相处，大国冲突的"修昔底德陷阱"就可以避免。大国对小国要平等相待，不搞唯我独尊、强买强卖的霸道。任何国家不随意发动战争，不破坏国际法治，"潘多拉的盒子"就不会打开。虽然国际竞争日趋激烈，但深海、极地、外空、互联网等新开发领域，不应成为相互博弈的竞技场，而应成为各方合作的新空间。

构建人类命运共同体，要坚持共建共享，建设一个普遍安全的世界。世上没有绝对安全的世外桃源，一国的安全不能建立在别国的动荡之上。邻居出了问题，不能只是扎好自家的篱笆，如果不去帮一把，他国的威胁也可能成为本国的挑战。近年来，恐怖主义、难民危机等问题都同地缘冲突密切相关。禽流感、埃博

随着"一带一路"倡议的深入推进，中欧班列成为连通欧亚大陆的主要桥梁和绿色通道，惠及沿线国家共同发展。

拉、寨卡等疫情，尤其是新冠疫情全球大流行，给国际卫生安全敲响警钟。威胁面前，"单则易折，众则难摧"，应该树立共同、综合、合作、可持续的安全观，化解冲突，加强交流联动。

构建人类命运共同体，要坚持合作共赢，建设一个共同繁荣的世界。对世界各国而言，发展都是第一要务。经济全球化促

2019 年 4 月 27 日，"一带一路"国际合作高峰论坛在北京雁栖湖国际会议中心举行圆桌峰会。

成了贸易大繁荣、投资大便利、人员大流动、技术大发展，各国共同繁荣是历史大势，也证明了经济全球化大方向的正确性。虽然当前面临发展失衡、治理困境、数字鸿沟、公平赤字等客观问题，但实行贸易保护主义实为画地为牢之举，损人不利己。前进中的问题，更需要我们兼顾当前和长远，同舟共济、设法解决，决不能以邻为壑、因噎废食。2008年爆发的国际金融危机还未走远，它启示我们要加强协调、完善治理，推动建设一个开放、包容、普惠、平衡、共赢的经济全球化。

构建人类命运共同体，要坚持交流互鉴，建设一个开放包容的世界。"和羹之美，在于合异。"人类文明本就多样，这是世界的基本特征，也是人类进步的源泉。在全世界200多个国家和地区，活跃着2500多个民族、多种宗教，具有不同的历史和国情、民族和习俗，孕育了不同的文明。每一种文明都是人类的精神瑰宝，它们使世界更加丰富多彩。对待不同文明，应该取长补短、共同进步，让文明的交流互鉴成为推动人类社会进步的动力，成为维护世界和平的纽带。

构建人类命运共同体，要坚持绿色低碳，建设一个清洁美丽的世界。人与自然共生共存。伤害自然的最终结果将是伤及人类自己。空气、水、土壤、蓝天……我们用之不觉，但同时失之难续。工业化创造了前所未有的丰富物质财富，也带来了难以弥补的生态创伤。今天的我们，应该遵循天人合一、道法自然的理念，大力倡导绿色、低碳、循环、可持续的生产生活方式，开拓生产发展、生活富裕、生态良好的文明永续发展之路。

在世界大发展、大变革、大调整之百年未有变局面前，构建人类命运共同体理念的提出，为解决人类面临的各种复杂问题贡献了中国的智慧和方案。这一理念倡导建设持久和平、普遍安

中国梦既是中国人民追求幸福的梦，也同世界人民的梦想息息相通。中国将在实现中国梦的过程中，同世界各国一道，推动各国人民更好实现自己的梦想。

全、共同繁荣、开放包容、清洁美丽的世界，集中体现了中华优秀传统文化的智慧，反映了世界各国人民对和平、发展、繁荣的愿望和追求，展现出宏大的国际视野和高度的责任担当，是引领时代潮流和人类文明进步的一面鲜明旗帜。2017年3月，联合国安理会将"构建人类命运共同体"写入第2344号决议，反映出国际社会的高度认同。

大道至简，实干为要。构建人类命运共同体，关键在行动。遥想2000多年前，我们的先辈通过古丝绸之路向世界各地传送丝绸、茶叶、瓷器和美好的祝福。驼铃声声，留下"商旅不绝于途"的辉煌传奇故事。而今物换星移，"一带一路"作为一条当代合作共赢的新纽带，已发展成为中国同各方共享机遇、共谋发展的阳光大道。

2013年9月，习近平主席来到古丝绸之路的途经地哈萨克斯坦，在这里首次提出共建"丝绸之路经济带"重大倡议。仅仅20多天后，在古代海上丝绸之路途经地印度尼西亚，习近平主席进一步倡议共建"21世纪海上丝绸之路"。"一带一路"让世界的眼光重新聚焦这条曾经有着繁荣商贸文旅往来的大通道。

经过几年时间，一个政治互信、经济融合、文化包容的合作平台搭建起来。不同于简单的架桥修路，"一带一路"倡导生机勃勃、群策群力，它是全方位、立体化、网络状的大联通，它是对全球治理新模式的探索，为推动构建人类命运共同体提供了载体，因而展现出强大的吸引力。"群贤毕至，少长咸集"，2017年首届"一带一路"国际合作高峰论坛在北京召开时，29个国家元首和政府首脑出席，140多个国家、80多个国际组织的1600多位代表参加，取得的成果令人惊叹。随着与伙伴国家互联互通的持续深入开展，到2023年1月6日，中国已与151个国家、32个国际组织签署200

余份共建"一带一路"合作文件，伙伴国家唱响了政策沟通、设施联通、贸易畅通、资金融通、民心相通的命运交响曲，共建"一带一路"成为深受欢迎的国际公共产品和国际合作平台。

随着新兴市场国家和一大批发展中国家的快速发展，世界经济、政治格局发生深刻调整。由于经济全球化将各国命运越来越紧密地连在一起，很多问题超越一国范围，很多挑战不再是一国之力所能应对，越来越多的事情需要商量着办，越来越多的挑战呼唤通力合作。

回首过去，作为全球发展的参与者，中国既经历了全球经济的持续增长，也承受了国际金融危机的严重冲击；既见证了发展中国家的快速崛起，也目睹了南北发展失衡的客观现实。"明者因时而变，知者随事而制。"现如今，面对建立国际机制、遵守国际规则、追求国际正义的国际社会广泛共识，中国本着共商、共建、共享的理念，积极倡导完善全球治理、参与全球治理体系建设。

中国积极倡导公平的发展，认为各国能力和水平有差异，在同一目标下，应该承担共同但有区别的责任。中国主张提高发展中国家代表性和发言权，给予各国平等参与规则制定的权利，让发展机会更加均等。中国积极倡导开放的发展，认为在经济全球化时代，各国只有打开大门搞建设、共同维护多边贸易体制、构建开放型经济，才能促进生产要素在全球范围内更加自由便捷地流动，实现共商、共建、共享，让发展成果惠及各方。中国积极倡导全面的发展，认为发展的宗旨是为了人民，既要消除贫困、保障民生，更要维护社会公平正义，保证人人享有发展机遇和发展成果，还要努力实现经济、社会、环境协调发展，实现人与社会、人与自然和谐相处。中国积极倡导创新的发展，认为创新带来生机活力，也能激发潜力、催生动力。中国主张以改革创新激发发展潜力、增强增长动力，培育新的核心竞争力，让发展潜力充分释放。

在亚太经合组织领导人会议、二十国集团领导人峰会、世界经济论坛、联合国峰会、金砖国家领导人会晤、亚信峰会、上海合作组织领导人峰会、中非合作论坛等一系列多边峰会场合中，中国领导人提出并全面阐述全球治理观、新安全观、新发展观等新理念新主张，积极引导国际体系朝着更加公正合理方向发展，在推动和完善全球经济、金融治理，国际热点问题治理，气候、网络等全球性问题治理上，发出了积极的中国声音。

当前，世界之变、时代之变、历史之变正以前所未有的方式展开，世界又一次站在历史的十字路口，何去何从取决于各国人民的抉择。但中国共产党和中国人民始终相信，"万物并育而不相害，道并行而不相悖"，只有各国行天下之大道，和睦相处、合作共赢，繁荣才能持久，安全才有保障。2022年10月，党的二十大报告将推动构建人类命运共同体列为中国式现代化的本质要求之一，强调构建人类命运共同体是世界各国人民前途所在。中国先后提出了全球发展倡议、全球安全倡议、全球文明倡议，为国际社会提供重要公共产品，为坚持维护世界和平、促进共同发展、推动构建人类命运共同体注入强大正能量。

相比于中华民族伟大复兴之梦，世界大同之梦可能需要更长的时间来实现。但正如中国梦的实现是由无数中国人梦想的实现累积、质变而成，世界梦也将在各国梦想的汇聚、协同中逐渐成真。个人之梦、国家之梦、世界之梦，从来都是不可分割的。"计利当计天下利。"天下一家，命运与共。作为负责任大国的人民，中国人民与世界各国人民心心相印、风雨同行，将与世界各国人民携手筑梦、共同圆梦，共创一个更加美好的地球家园。